écho

1

méthode
de français

A1
A2

CAHIER PERSONNEL D'APPRENTISSAGE

J. PÉCHEUR

J. GIRARDET

CLE
INTERNATIONAL

www.cle-inter.com

Direction éditoriale : Michèle Grandmangin
Édition : Christine Grall
Conception et réalisation : Nada Abaïdia
Recherche iconographique : Nathalie Lasserre
Illustrations : Jean-Pierre Foissy
Cartographie : J.-P. Crivellari (p. 99 et 103)

Sommaire

N.B. Les activités d'écoute sont signalées avec le numéro de la piste d'enregistrement sur le CD.

Bonjour à tous

Vous allez apprendre à :

☑ vous présenter (nom, nationalité, lieu d'habitation)
☑ dire « je comprends » ou « je ne comprends pas »
☑ reconnaître les sons du français

Travail avec les pages Interactions

Vocabulaire

• étudiant (n.m.)	tour (n.f.)	• bonjour
forêt (n.f.)	université (n.f.)	comment
île (n.f.)	• maternel (adj.)	non
langue (n.f.)	• comprendre (v.)	où
musée (n.m.)	connaître (v.)	oui
parc (n.m.)	être (v.)	tout
pays (n.m.)	habiter (v.)	très
professeur (n.m.)	s'appeler (v.)	
pyramide (n.f.)	utiliser (v.)	

Apprenez à vous présenter

1. Complétez la fiche.

COURS DE FRANÇAIS
FICHE D'INSCRIPTION

Nom : _____ Prénom : _____

Profession : _____

Nationalité : _____

Adresse : _____

2. Associez les dialogues et les dessins.

a. Comment vous appelez-vous ?
– Je m'appelle Barbara Dumont.

b. Tu es étudiante ?
– Oui, je suis étudiante.

c. Où habites-tu ?
– J'habite en Espagne.

d. Vous êtes professeur ?
– Oui, je suis professeur.

1

2

3

4

Apprenez le vocabulaire

3. Continuez les listes.

Paris : les musées _____

L'université : les étudiants _____

4. Observez les pages 6 et 7 du livre élève et cochez la bonne réponse.

	oui	non
a. L'Argentine est en Afrique.	☐	☐
b. Le Japon est en Asie.	☐	☐
c. New York est aux États-Unis.	☐	☐
d. Montréal est au Canada.	☐	☐
e. Le musée du Louvre est à Londres.	☐	☐

5. « Comprendre » ou « connaître » ?

a. Vous **comprenez** le français ?

– Non, _____ .

b. Tu _____ le Japon ?

– Non, _____ .

c. Vous _____ le professeur ?

– Oui, _____ .

d. Vous _____ l'espagnol ?

– Oui, _____ .

e. Tu _____ le musée ?

– Non, _____ .

Distinguez le masculin et le féminin

6. Complétez avec « le », « la » ou « l' ».

a. le musée du Caire.

b. _____ pyramide du Louvre

c. _____ festival de Cannes

d. _____ tour de Pise

e. _____ île de Marie-Galante.

f. _____ université de Salamanque

g. _____ parc de New York

Travail avec les pages Ressources

Vocabulaire

- acteur (n.m.) _____
- avenue (n.f.) _____
- cinéma (n.m.) _____
- directeur (n.m.) _____
- festival (n.m.) _____

- film (n.m.) _____
- hôtel (n.m.) _____
- mer (n.f.) _____
- palais (n.m.) _____
- secrétaire (n.m./f.) _____

- international (adj.) _____
- parler (v.) _____
- salut _____
- voici _____

Rappelez-vous

Les particularités du français

■ Les verbes se conjuguent selon :
→ la personne : *je parle – tu parles – Pierre parle – Marie parle – nous parlons…*
→ le temps (présent, passé, futur)

■ Les noms sont masculins ou féminins.
le pays – la forêt

Apprenez la conjugaison

Les verbes en « -er »

1. Complétez les terminaisons.

parler	**habit**_____
je parle	j'habit_____
tu parles	tu habit_____
il/elle parle	il/elle habit_____
nous parl_____	nous habitons
vous parl_____	vous habitez
ils/elles parl_____	ils/elles habitent

Les autres verbes

2. Conjuguez.

Comprendre : je _____ ; tu _____ ; il/elle _____ ;
nous _____ ; vous _____ ; ils/elles _____

Connaître : je _____ ; tu _____ ; il/elle _____ ;
nous _____ ; vous _____ ; ils/elles _____

3. Complétez le dialogue avec les verbes.

Pierre : Vous (*parler*) _____ français ?

Maria : Euh ! Non. Je ne (*comprendre*) _____ pas le français.

Enzo : Nous (*apprendre*) _____ le français.

Pierre : Vous (*apprendre*) _____ le français où ?

Enzo : À l'université Paris III. Tu (*connaître*) _____ ?

Pierre : Oui, je (*être*) _____ étudiant à Paris III.

Apprenez à faire des phrases

4. Complétez avec « en », « au », « aux », « à ».

a. Tu habites _____ Suisse ?

– Non, j'habite _____ Marseille.

b. Vous habitez _____ Sénégal ?

– Non, j'habite _____ Japon.

c. Tu habites _____ France ?

– Oui, j'habite _____ Paris.

d. Tu habites _____ États-Unis ?

– Non, j'habite _____ Antilles.

5. « Ne ... pas » : Maria est différente de Barbara.

a. Maria habite à Paris.

Barbara n'habite pas à Paris.

b. Maria comprend le français.

Barbara _____ .

c. Maria connaît le musée.

Barbara _____ .

d. Maria _____ .

Barbara parle l'espagnol.

e. Maria _____ .

Barbara est mexicaine.

6. Posez la question.

a. Je parle français. Et vous, vous parlez français ?

b. Je comprends l'anglais. Et vous, _____ ?

c. Je suis espagnol. Et vous, _____ ?

d. J'habite Madrid. _____ ?

e. Je suis professeur. _____ ?

Distinguez le masculin et le féminin

7. Masculin ou féminin ?

a. France : Amélie Mauresmo est **française**.

b. Mexique : Andy Garcia est _____ .

c. Italie : Monica Bellucci est _____ .

d. Antilles : Thierry Henry est _____ .

e. Espagne : Antonio Banderas est _____

8. Voici des titres de romans ou de films :
dites s'ils parlent d'un homme ou d'une femme.

Exemple : **L'Étranger** → un homme

a. *L'Amant* : _____

b. *Amélie Poulain* : _____

c. *L'Étranger* : _____

d. *Léon* : _____

e. *Belle du Seigneur* : _____

f. *Marie-Antoinette* : _____

Vérifiez votre compréhension

9. Répondez à des questions sur l'histoire « Vous connaissez la chanson ? ».

a. Noémie est étudiante ? _____

b. Noémie est française ? _____

c. Mélissa habite les Antilles ? _____

d. Mélissa connaît Florent ? _____

e. Lucas habite Marseille ? _____

🎧 Entraînement à l'oral

Vocabulaire

• accueil (n.m.)	inscription (n.f.)	au revoir
adresse (n.f.)	musique (n.f.)	bien sûr
boulevard (n.m.)	nationalité (n.f.)	bientôt
café (n.m.)	nom (n.m.)	bonsoir
cafétéria (n.f.)	prénom (n.m.)	ensemble
chanson (n.f.)	préparation (n.f.)	là
chant (n.m.)	profession (n.f.)	madame
cité (n.f.)	rue (n.f.)	merci
comédie (n.f.)	stage (n.m.)	monsieur
croissant (n.m.)	• aller bien (v.)	pardon
danse (n.f.)	pouvoir (v.)	s'il vous plaît
étranger (n.m.)	s'excuser (v.)	super
fiche (n.f.)	• alors	

Apprenez l'alphabet

1. 🎧1 Prononcez l'alphabet.

A B C D E F G H I J K L M N O P Q R S T U V W X Y Z

2. 🎧2 Épelez les noms.

a. Je m'appelle JULIE. **b.** Je m'appelle GÉRARD. **c.** Je m'appelle MARIA. **d.** Je m'appelle JEAN.

Vérifiez votre compréhension

3. 🎧3 Écoutez. Associez avec les dessins.

4. ⊙ 4 Écoutez. Qu'est-ce qu'ils disent ? Associez les dessins et avec les phrases.

_____ S'il vous plaît.	_____ Merci.	_____ Bonjour.	_____ Excusez-moi.	_____ Au revoir.

5. ⊙ 5 Écoutez. Singulier ou pluriel ? Notez dans le tableau.

	a	b	c	d	e	f	g	h
singulier								
pluriel								

Prononcez

6. ⊙ 6 Écoutez et indiquez dans quelle syllabe se trouve le son « u ».

	1	2	3
a.	☐	☐	☐
b.	☐	☐	☐
c.	☐	☐	☐
d.	☐	☐	☐
e.	☐	☐	☐
f.	☐	☐	☐
g.	☐	☐	☐

7. ⊙ 7 La conjugaison des verbes en « -er ». Écoutez et notez la prononciation.

[ə] (e muet)	[ɔ̃] (on)	[e] (é)
Je parle français.	Nous habitons Paris.	Vous habitez Rome.
Tu habites à Paris.	Nous parlons français.	Vous parlez italien
Elle s'appelle Marie.		
Les étudiants habitent la Cité.		

8. ⊙ 8 Enchaînez : prononcez puis écoutez.

a. Je m'appelle Antonio.   **d.** Je parle italien.

b. J'habite aux États-Unis.   **e.** Je suis étudiant.

c. Je suis espagnol.

9. ⊙ 9 Écoutez et mettez un « ? » si c'est une interrogation.

a. Tu comprends ... ?...

– Non, désolée.

b. Je peux _____

– Tu peux.

c. Noémie, vous connaissez _____ Tu connais Noémie _____

– Oui, je connais.

d. Je m'appelle Lisa Dumont. Et vous, vous vous appelez comment _____

e. Vous êtes acteur _____

– Pardon _____

– Acteur _____

– Oui, bien sûr.

Pages Écrits et Civilisation

Vocabulaire

• banque (n. f.) _____	coiffure (n.f.) _____	parking (n.m.) _____
bar (n.m.) _____	crêperie (n.f) _____	restaurant (n.m.) _____
centre culturel (n.m.) _____	gâteau (n.m.) _____	taxi (n.m.) _____
chocolat (n.m.) _____	merguez (n.f.) _____	

Vérifiez votre compréhension

1. Trouvez le nom de ces lieux.

un bureau de poste – une pharmacie – un vendeur de journaux – une boulangerie – un garage – une banque

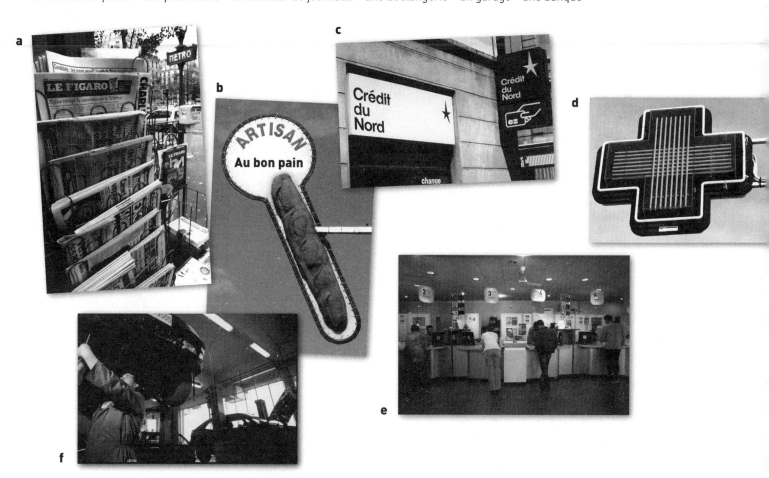

Tests

2. Vous connaissez la France ? Complétez

a. La capitale de la France : _____

b. Le nom d'un joueur de football : _____

c. Le nom d'une joueuse de tennis : _____

d. Le nom d'un acteur : _____

e. Le nom d'une actrice : _____

f. Le titre d'un film : _____

g. Le titre d'un roman : _____

h. Une marque de voiture : _____

i. Une marque d'eau minérale : _____

j. Un monument : _____

3. Voici des mots français : ils sont passés dans d'autres langues. Cochez ceux que vous connaissez.

☐ bizarre ☐ détail ☐ rendez-vous ☐ dessert

☐ élite ☐ nuance ☐ toilette ☐ buffet

☐ soirée ☐ blouson ☐ eau de toilette

Au travail !

Vous allez apprendre à :

☑ présenter les personnes et les choses
☑ demander quelque chose et donner des informations
☑ interroger et répondre

Travail avec les pages Interactions

Vocabulaire

• artiste (n.m.)	journal (n.m.)	grand (adj.)
avion (n.m.)	million (n.m.)	national (adj.)
bière (n.f.)	monde (n.m.)	politique (adj.)
capitale (n.f.)	montre (n.f.)	• aimer (v.)
chanteur (n.m.)	parfum (n.m.)	avoir (v.)
chose (n.f.)	région (n.f.)	compléter (v.)
écrivain (n.m.)	ville (n.f.)	• avec
frontière (n.f.)	vin (n.m.)	il y a
gens (n.m.pl.)	voiture (n.f.)	quel
habitant (n.m.)	• beau (adj.)	
homme (n.m.)	célèbre (adj.)	

Apprenez le vocabulaire

1. Cherchez le mot intrus.

Exemple : un musicien, un chanteur, **un croissant**, une musique

a. une cathédrale, un journal, une université, un musée

b. une île, une salle, un tableau, un professeur, un centre culturel

c. un acteur, un cinéma, un film, un festival, une bière

d. un avion, une rue, une avenue, un boulevard

e. un écrivain, écrire, un livre, un gâteau

f. une capitale, un pays, un habitant, une voiture, une frontière, un drapeau

2. Associez.

a. un artiste	**1.** la Bretagne
b. un parfum	**2.** Varsovie
c. un vin	**3.** Picasso
d. une région	**4.** le bordeaux
e. une montre	**5.** New York
f. une grande ville	**6.** Ronaldo
g. une capitale	**7.** Cartier
h. un sportif	**8.** Chanel n° 5

Demandez – Posez des questions

3. Complétez avec la question : « Qu'est-ce que c'est ? » ou « Qui c'est ? (Qui est-ce ?) ».

a. Qu'est-ce que c'est ?   **– C'est le centre culturel.**

b. _____ – C'est la montre de Lucas.

c. _____ – C'est le parfum de Noémie.

d. _____ – C'est le professeur de danse.

e. _____ – C'est la musique du film.

f. _____ – C'est la secrétaire du directeur.

4. Se renseigner : complétez la question avec « quel » (quelle, quels, quelles), « où », « est-ce qu'il y a ».

Touristes dans la ville

a. _____ est le musée ?

b. Dans _____ salle il y a *La Joconde* ?

c. _____ une cafétéria dans le musée ?

d. _____ est le nom de la cathédrale ?

e. _____ sont les bons restaurants ?

f. C'est _____ université ?

Travail avec les pages Ressources

Vocabulaire

• ami (n.m.) _____	salle (n.f.) _____	écrire (v.) _____
cathédrale (n.f.) _____	tableau (n.m.) _____	lire (v.) _____
peintre (n.m.) _____	• écouter (v.) _____	regarder (v.) _____

Apprenez les conjugaisons

1. Complétez les conjugaisons.

lire

je lis

tu _____

il/elle _____

nous lisons

vous _____

ils/elles _____

écrire

j'_____

tu écris

il/elle _____

nous _____

vous écrivez

ils/elles _____

2. Mettez le verbe « avoir » à la forme qui convient.

À la Cité universitaire

a. Tu ___**as**___ beaucoup d'amis ici ?

– J'_____ un ami vietnamien. Il s'appelle Lan.

b. Nous _____ des amis espagnols : Juan et Romina. Tu _____ une voiture ?

– Non, mais Lan _____ une voiture.

c. Juan et Romina _____ une voiture aussi.

Utilisez les articles

Rappelez-vous

■ Tous les mots sont masculins ou féminins. Les marques du féminin sont :

• « la » ou « une » devant le nom singulier. On voit et on entend *le/la, un/une*.

• la finale du mot (souvent « e »)
un ami/une amie – un boulevard/une rue

■ Souvent on n'entend pas cette marque : *ami = amie*.

■ Le « e » n'est pas toujours la marque du féminin.
une profession – un musée

3. Complétez avec « un/une », « le/la », « les »...

Culture

Vous connaissez...

a. __le__ tableau *La Joconde* **?**

b. _____ film *La Marche de l'empereur* ?

c. _____ romans d'Amélie Nothomb ?

d. _____ peintre Paul Cézanne ?

e. _____ acteur espagnol Antonio Banderas ?

Tourisme

Vous connaissez...

f. _____ adresse du restaurant ?   **i.** _____ café célèbre à Aix-en-Provence ?

g. _____ bon hôtel ?   **j.** _____ bonne pizzeria ?

h. _____ rue du Louvre ?

4. Complétez avec « de/du », « de la », « de l' », « des ».

a. Tu lis __des__ livres ?   **d.** Tu connais le nom _____ chanteur des Rolling Stones ?

b. Tu écoutes _____ musique ?   **e.** Tu regardes _____ films français ?

c. Tu écris _____ chansons ?   **f.** Tu connais le nom _____ actrice d'*Amélie Poulain* ?

5. Parler de ses goûts : complétez avec « un/une/des », « le/la/l'/les ».

a. Tu connais _____ groupes français ?

– Oui, je connais Air.

• C'est _____ groupe français ?

– Oui, ce sont _____ musiciens des films de Sofia Coppola.

• Tu as _____ CD du groupe Air ?

– Oui, j'ai _____ CD « Talkie Walkie ».

b. Tu aimes _____ cinéma français ? Tu connais _____ actrice Audrey Tautou ? Et _____ dernier film de Jean Reno ?

– Oui, c'est _____ film d'action américain : *Da Vinci Code*.

Accordez les noms et les adjectifs

6. Accordez.

Goûts et préférences

a. Il aime les (*bon, hôtel*) _____

b. Il aime les (*grand vin*) _____

c. Elle aime les (*bon, comédie*) _____

d. Nous aimons les (*politique, film*) _____

e. Elle aime les (*sportif, voiture*) _____

f. Il lit les (*journal international*) _____

Présentez les personnes et les choses

7. Complétez les présentations.

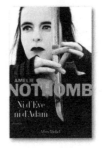

a. C'est _____ DVD.

C'est *La Marche de l'empereur*. C'est

_____ film de Luc Jacquet.

b. C'est _____ CD. C'est

_____ musique _____

film *Virgin Suicides*. C'est _____

musique du groupe Air.

c. C'est _____ livre.

C'est _____ dernier livre

_____ Amélie Nothomb.

8. Transformez les questions avec « est-ce que ».

a. Vous êtes danseur ? **Est-ce que vous êtes danseur ?**

b. C'est bon ? _____

c. Tu aimes le chocolat ? _____

d. Vous aimez le cinéma ? _____

e. C'est ta langue maternelle ? _____

f. Tu connais la secrétaire ? _____

9. Elle parle de ses goûts. Parlez pour elle selon les indications. Utilisez les verbes *regarder, lire, écouter*.

(x) j'aime   (xx) j'aime bien   (xxx) j'aime beaucoup   (---) je n'aime pas

a. les films (xxx) **J'aime beaucoup regarder les films.**

b. les photos (xx) _____

c. la musique de films (x) _____

d. le journal (x) _____

e. les livres (xx) _____

f. la mer (---) _____

g. les chansons (xx) _____

h. les tableaux (x) _____

🎧 Entraînement à l'oral

Vocabulaire

• copain (n.m.) _____	photo (n.f.) _____	vouloir (v.) (je voudrais) _____
garçon (n.m.) _____	rythme (n.m.) _____	• après _____
livre (n.m.) _____	texte (n.m.) _____	beaucoup _____
musicien (n.m.) _____	• arrêter (v.) _____	bien _____
nouvelle (n.f.) _____	répéter (v.) _____	juste _____
pause (n.f.) _____	travailler (v.) _____	mais _____

Prononcez

1. 🔊 **10** « Un/une » : répétez.

C'est un acteur   c'est une actrice

C'est un ami   c'est une amie

C'est un habitant   c'est une habitante

C'est un étranger   c'est une étrangère

C'est un étudiant   c'est une étudiante

C'est un homme   c'est une femme

Vérifiez votre compréhension

2. 🔊 **11** Écoutez et associez avec le dessin.

1

2

3

4

Parlez

3. 🔊 **12** Une Française vous pose des questions. Répondez. Vérifiez votre réponse.

a. Vous habitez en France ? **– Oui, j'habite en France.**

– Non, je n'habite pas en France.

b. Vous travaillez en France ? _____

c. Vous regardez la télévision ? _____

d. Vous regardez les films français ? _____

e. Vous comprenez ? _____

f. Vous lisez *Le Monde* ? _____

g. Vous aimez les chansons de Céline Dion ? _____

Pages Écrits et Civilisation

Vocabulaire

• âge (n.m.)	jazz (n.m.)	jeune (adj.)
an (n.m.)	journaliste (n.m.)	nouveau (adj.)
animateur (n.m.)	passion (n.f.)	petit (adj.)
charme (n.m.)	présentateur (n.m.)	supérieur (adj.)
commune (n.f.)	roman (n.m.)	• adorer (v.)
diplôme (n.m.)	télévision (n.f.)	animer (v.)
école (n.f.)	théâtre (n.m.)	préférer (v.)
enfant (n.m.)	village (n.m.)	• aussi
femme (n.f.)	• ancien (adj.)	autre
fille (n.f.)	charmant (adj.)	dans
immigré (n.m.)	dynamique (adj.)	ou

Apprenez le vocabulaire

1. Avec le vocabulaire des leçons 1 et 2, complétez les listes.

a. Dans le pays : **la région** _____

c. À l'université : **un diplôme** _____

b. Dans la ville : **un théâtre** _____

d. Les professions : **un/une journaliste** _____

2. Trouvez les adjectifs. Aidez-vous du dictionnaire.

a. charme → **charmant**

c. sport → _____

e. profession → _____

b. passion → _____

d. diplôme → _____

f. femme → _____

Vérifiez votre compréhension

3. Quels sont ces documents ? Complétez-les pour vous.

Test

4. Ils sont célèbres en France. Quelle est l'origine de leur nom ?

Origine : *suisse de langue allemande – marocaine – espagnole – camerounaise – hongroise – américaine – anglaise –
algérienne – italienne – roumaine*

a. Monica Bellucci _____

b. Zinedine Zidane _____

c. Victoria Abril _____

d. Tahar Ben Jelloun _____

e. Eugène Ionesco _____

f. Nicolas Sarkozy _____

g. Yannick Noah _____

h. Stefan Eicher _____

i. Jonathan Little _____

j. John Galliano _____

On se détend ?

Vous allez apprendre à :

☑ parler des activités de loisir

☑ faire une proposition, accepter ou refuser

☑ dire que vous pouvez faire ou ne pouvez pas faire quelque chose

Travail avec les pages Interactions

Vocabulaire

• action (n.f.)	maison (n.f.)	visite (n.f.)
activité (n.f.)	octobre (n.m.)	volley-ball (n.m.)
atelier (n.m.)	ordinateur (n.m.)	week-end (n.m.)
aventure (n.f.)	piano (n.m.)	yoga (n.m.)
basket-ball (n.m.)	piscine (n.f.)	• classique (adj.)
club (n.m.)	radio (n.f.)	moderne (adj.)
concert (n.m.)	randonnée (n.f.)	• aller (v.)
espace (n.m.)	réseau (n.m.)	devoir (v.)
exposition (n.f.)	résident (n.m.)	faire (v.)
fête (n.f.)	rap (n.m.)	jouer (v.)
forme (n.f.)	rock (n.m.)	partir (v.)
forum (n.m.)	septembre (n.m.)	proposer (v.)
gymnastique (n.f.)	ski (n.m.)	rencontrer (v.)
heure (n.f.)	soirée (n.f.)	rester (v.)
Internet (n.m.)	spectacle (n.m.)	se détendre (v.)
jeu (n.m.)	sport (n.m.)	venir (v.)
journée (n.f.)	vélo (n.m.)	• un peu
loisir (n.m.)	vidéo (n.f.)	

Apprenez le vocabulaire

1. Lisez les petites annonces.
Classez les activités.

➡ **Randonnées**
➡ **Aventures en forêt**
➡ **VTT**
➡ **Ski**

PYRÉNÉES **ACTiV'**
Saint-Gaudens

SPORT ÉTUDES
• **Le matin :** votre cours de français
• **L'après-midi :** natation / tennis
• **Le soir :** concert / danse

ÉCOLANGUES
13, rue des Étuves –
34000 Montpellier

TOP FORME vous accueille...
Stretching
Yoga
Danses sud-américaines
Chaque mercredi : milonga
Hammam
12, avenue Berthelot -
69003 Lyon

Activités sportives	Activités culturelles	Activités éducatives	Activités de détente

2. Reliez.

a. faire du ski   **1.** chanter

b. faire du chant   **2.** jouer

c. aller sur Internet   **3.** danser

d. faire de la photo   **4.** skier

e. faire du théâtre   **5.** surfer

f. faire de la danse   **6.** photographier

Utilisez les verbes *faire* et *jouer*

Rappelez-vous

• Faire du (de la) + activité : *faire du chant*

• Jouer du (de la, des) + instrument de musique : *jouer de la guitare*
Jouer à (à la, aux) + jeu : *jouer au ballon*

3. Utilisez *faire* ou *jouer*.

a. Il **joue au** football.

b. Elle _____ danse.

c. Il _____ yoga.

d. Elle _____ piano.

e. Il _____ jeux vidéo.

f. Elle _____ volley-ball.

4. Remplacez le verbe *faire* par *jouer* ou *écrire*.

a. Il fait du basket → **il joue au basket**.

b. Il fait du football   → _____

c. Il fait de la guitare. → _____

d. Il fait un livre.   → _____

e. Il fait du tennis.   → _____

f. Il fait une chanson.   → _____

Travail avec les pages Ressources

Vocabulaire

• décembre (n.m.) _____

jour (n.m.) _____

natation (n.f.) _____

nuit (n.f.) _____

plage (n.f.) _____

toilettes (n.f.pl.) _____

• fatigué (adj.) _____

• savoir (v.) _____

• chez _____

demain _____

ici _____

sans _____

Apprenez les conjugaisons

1. Complétez avec les verbes *faire* et *aller*.

faire

je fais de la photo

tu _____ du cinéma

il _____ du ski

elle _____ de la danse

nous _____ du sport

vous _____ du chant

ils _____ de la gymnastique

elles _____ du yoga

aller

je vais skier

tu _____ danser

il _____ surfer

elle _____ nager

nous _____ jouer

vous _____ lire

ils _____ travailler

elles _____ chanter

Utilisez les prépositions

Rappelez-vous

- **à** + nom de ville — *Je vais à Paris.*
- **au** + nom de pays masculin — *Je vais au Portugal.*
- **en** + nom de pays féminin — *Je vais en Italie.*
- **aux** + nom de pays au pluriel — *Je vais aux États-Unis.*
- **au** (= à + le) — *Je vais au cinéma.*
- **à la** — *Je vais à la bibliothèque.*
- **aux** (= à + les) — *Je vais aux toilettes.*
- **à l'** (devant voyelle ou « h ») — *Je vais à l'hôtel.*
- **chez** + nom de personne — *Je vais chez Pierre.*

2. Compléter avec « à », « au », « à la », « à l' ».

a. Je vais faire du ski _____ montagne.

b. Ils vont _____ concert _____ Paris.

c. Elle fait une fête _____ campagne.

d. Nous allons _____ atelier photo du centre culturel.

e. Vous allez _____ cinéma ou _____ piscine ?

3. Complétez avec une préposition.

Vacances

a. Moi, je vais **en** Suisse.

– Et toi ?

– Moi, je vais faire de la randonnée _____ Espagne.

b. Et lui ?

– Il va faire de la gymnastique _____ Club Forme à Biarritz.

c. Et elle ?

– Elle va faire un stage de yoga _____ Inde.

d. Et eux ?

– Ils vont écouter un concert de rock _____ Zénith, _____ Montpellier.

e. Et vous ?

– Nous allons _____ Canada et _____ États-Unis.

4. Complétez avec une préposition.

Mon emploi du temps

a. Le soir, je vais _____ concert ou _____ atelier hip hop.

b. L'après-midi, je vais _____ cours de stretching ou _____ piscine.

c. Le week end, je vais _____ des amis, _____ Ardèche, _____ Vallon-Pont-d'Arc.

Parlez des projets

5. Écrivez ce qu'ils vont faire demain.

a. Aujourd'hui, je travaille.

(rester à la maison) Demain, **je vais rester à la maison.**

b. Aujourd'hui, elle regarde la télévision.

(lire le journal) Demain, _____

c. Aujourd'hui, nous faisons du sport.

(rencontrer des amis) Demain, _____

d. Aujourd'hui, tu joues aux jeux vidéo.

(faire de la musique) Demain, _____

e. Aujourd'hui, ils se détendent.

(aller à l'université) Demain, _____

Rappelez-vous

■ Pour exprimer :
- le souhait   → **Je voudrais** + infinitif   *Je voudrais partir en vacances.*
- l'obligation   → **Je dois** + infinitif   *Tu dois travailler.*
- l'interdiction   → **Je ne dois pas** + infinitif   *Vous ne devez pas regarder la télévision.*
- la possibilité   → **Je peux** + infinitif   *Je peux rester ?*
- l'impossibilité   → **Je ne peux pas** + infinitif   *Je ne peux pas faire l'exercice.*
- la capacité   → **Je sais** + infinitif   *Je sais parler russe.*

Apprenez les conjugaisons

6. Complétez.

pouvoir	devoir	savoir
je peux	je dois	je sais
tu _____	tu _____	tu _____
il/elle peut	il/elle _____	il/elle _____
nous pouvons	nous devons	nous savons
vous _____	vous _____	vous _____
ils/elles peuvent	ils/elles _____	ils/elles _____

7. Complétez les dialogues.

Exemple : Tu veux jouer ? – Non, je **dois** apprendre la leçon.

a. Tu veux venir ce week-end ?

– Je voudrais bien mais je _____ répéter.

b. Tu travailles ?

– Non, je _____ aller chez des copains.

c. Vous voulez rester ?

– Non, on ne _____ pas, on _____ partir.

d. Noémie _____ faire le stage de chant. Elle peut venir ?

– Oui, mais elle _____ rencontrer le professeur.

8. **Répondez selon les indications. Vérifiez la réponse.**

Qu'est-ce que vous faites le week-end ?

a. Vous allez au cinéma ?

– Oui, je vais au cinéma. / Non, je ne vais pas au cinéma.

b. Vous allez au théâtre ?

– Oui, je _____

c. Vous faites du sport ?

– Oui, je _____

d. Vous jouez au tennis ?

– Non, je _____

e. Vous faites du vélo ?

– Oui, je _____

f. Vous restez chez vous ?

– Oui, je _____

9. **Complétez avec « D'accord » ou « Excusez-moi ».**

a. Demain, on va faire du jogging ?

– _____, à quelle heure ?

b. Est-ce que vous avez envie de venir ?

– Non, _____, je suis fatigué.

c. Vous venez faire de la randonnée avec moi ?

– _____, j'ai envie d'aller marcher.

d. On va au concert ?

– Non, _____. Je dois travailler.

e. Tu viens présenter le spectacle ?

– _____, à demain.

10. **Complétez avec les verbes *savoir* ou *connaître*.**

• Tu _____ la station de ski Val d'Isère ?

– Oui.

• Tu _____ faire du ski ?

– Non, mais je voudrais apprendre. Tu _____ un bon professeur de ski ?

• Oui. Il y a un bon professeur au club. Mais je ne _____ pas comment il s'appelle.

Vérifiez votre compréhension

11. Répondez à des questions sur l'histoire « Vous connaissez la chanson ? », p. 26 et 27.

a. Lucas fait un jogging avec les filles ? _____

b. Quel rôle apprend Lucas ? _____

c. Où est-ce que Lucas veut aller ? _____

d. Lucas et Mélissa aiment danser? _____

e. Florent aime danser ? _____

f. Qui a le rôle de Quasimodo ? _____

🎧 Entraînement à l'oral

Vocabulaire

• capitaine (n.m.)	siècle (n.m.)	entrer (v.)
cours (n.m.)	• faux (adj.)	traduire (v.)
discothèque (n.f.)	jaloux (adj.)	vouloir dire (v.)
expression (n.f.)	laid (adj.)	• d'accord
jogging (n.m.)	pauvre (adj.)	dommage
note (n.f.)	• apprendre (v.)	encore
problème (n.m.)	avoir de la misère (expr.québ.)	
quartier (n.m.)	avoir envie (de) (v.)	
rôle (n.m.)	dire (v.)	

Prononcez

1. 🔊 13 Écoutez. Écrivez le mot selon le son que vous entendez au début du mot.

Son « v »	Son « f »
va	la fête

Vérifiez votre compréhension

2. 🔊 14 Écoutez. Une jeune fille s'inscrit au club Loisirs de la ville. Complétez la fiche d'inscription.

Nom : _____ Prénom : _____

Âge : _____

Profession : _____

Adresse : _____

Ville : _____

Téléphone : _____

Sports pratiqués : _____

Quelles sont vos sorties préférées ? _____

Quels spectacles aimez-vous ? _____

Loisirs à la maison : _____

Parlez

3. 🕐 **15** Vous ne pouvez pas. Répondez selon les instructions.

a. Tu peux venir ? – Non, **je dois travailler.**

b. Tu veux jouer au tennis avec moi ? – Non, (*écrire à un ami*) _____

c. Tu viens faire du ski avec moi ? – Non, (*aller chez des amis*) _____

d. Tu viens faire une randonnée avec moi ? – Non, (*partir*) _____

e. Tu veux rester avec moi ? – Non, (*aller au cinéma*) _____

Pages Écrits et Civilisation

Vocabulaire

• amitié (n.f.) _____	objet (n.m.) _____	sympathique (adj.) _____
château (n.m.) _____	océan (n.m.) _____	varié (adj.) _____
côte (n.f.) _____	opéra (n.m.) _____	• découvrir (v.) _____
date (n.f.) _____	paysage (n.m.) _____	oublier (v.) _____
département (n.m.) _____	programme (n.m.) _____	visiter(v.) _____
golf (n.m.) _____	tradition (n.f.) _____	• chaque _____
goût (n.m.) _____	• cher (adj.) _____	sur _____
invitation (n.f.) _____	magnifique (adj.) _____	pour _____

Apprenez le vocabulaire

1. Trouvez l'intrus.

a. la commune – le département – l'océan – la région

b. apprendre – oublier – savoir – connaître

c. sympathique – charmant – dynamique – jaloux

d. golf – natation – plage – côte – mer – océan

2. Trouvez le contraire.

a. classique ≠ moderne

b. laid ≠ _____

c. international ≠ _____

d. petit ≠ _____

e. ancien ≠ _____

f. vrai ≠ _____

g. en forme ≠ _____

3. Trouvez le nom.

a. découvrir   **une découverte**

b. oublier _____

c. rencontrer _____

d. traduire _____

e. lire _____

f. écrire _____

g. écouter _____

h. répéter _____

i. jouer _____

Test

4. Dites si les phrases suivantes sont vraies ou fausses.

	VRAI	FAUX
a. La Côte d'Azur est sur l'océan Atlantique.	☐	☐
b. Arles est un château de la Loire.	☐	☐
c. On écoute de l'opéra à Carhaix.	☐	☐
d. Avignon est un festival de théâtre.	☐	☐
e. Orange est dans les Alpes.	☐	☐
f. On fait du deltaplane dans les Alpes.	☐	☐
g. On surfe dans le Verdon.	☐	☐
h. Arras est une ville ancienne.	☐	☐

Vérifiez votre compréhension

1 Cirque **Diana Moreno Bormann**.- 112, rue de la Haie Coq (19ᵉ). 01 48 39 04 47. Pl. de 10 à 30€, -4 ans : gratuit. Les mer, sam, dim, fêtes et vac. scol. à 15h : ÇA C'EST DU CIRQUE ! *Un spectacle de cirque traditionnel.*

2 **EGLISE ST-GERMAIN-DES-PRÉS**
Jeudi 20 septembre à 20h30
VIVALDI Les 4 Saisons **/MOZART/PACHELBEL/ALBINONI**
LES ARCHETS DE PARIS - C. Guiot, violon solo
de 16 à 25 € - Loc. FNAC - VIRGIN - 01 42 77 65 65

3 **Bateaux Parisiens Tour Eiffel.** Tour Eiffel, Rive Gauche, Port de la Bourdonnais. M° Trocadéro. 0 825 01 01 01 (0,15€/mn). **Croisière commentée d'une heure** : ttes les heures de 10h à 14h et de 17h à 20h et ttes les 1/2 heures de 14h à 16h et de 20h à 22h. Tarif 10€, TR. 5€ (- 12 ans). **Croisière-déjeuner en paroles et musiques** (avec chanteuse à bord) : tlj à 12h15. Adulte à partir de 52€, TR. 31€ (- 12 ans). **Croisière-dîner avec orchestre** : tlj à 20h. Prix : à partir de 95€. Service Premier : 140€, rés. 0 825 01 01 01 (0,15€/ mn).

4 **Face à l'Impressionnisme, Jean-Jacques Henner, le dernier des Romantiques.** - Monographie du peintre. **Musée de la Vie romantique,** 16, rue Chaptal (9ᵉ). M° St-Georges. 01 55 31 95 67. Tlj (sf lun et fériés) 10h-18h. Ent. 7€, TR. 5,50€ et 3,50€. **Jusqu'au 13 janvier 2008.**

5

6 **TAMBOUR ROYAL,** 94 rue du Faubourg du Temple, passage Piver, M° Goncourt (11ᵉ). Loc. 01 48 06 72 34. Pl. 21€, TR 16€.
Ven à 19h, sam à 15h, dim à 17h30. Pl. 24€, TR. 18€ :
D'après une idée de Benoît Riou, adaptation et mise en scène d'Antoine Schoumsky, avec, en alternance, Benoît Riou/Maxime Cohen (baryton), Florine Olivier/Valéria Altaver (soprano), Marie-Louise Nezeys/Anne-Lise Saint-Amans (piano) :
MOZART EN FRANCAIS
Trois personnages nous font revivre en français les plus grands opéras de Mozart. Entre humour et poésie, un voyage musical aux allures de parcours initiatique (1h20).

5. Lisez ces extraits de *L'Officiel des spectacles* de Paris. Trouvez un spectacle pour eux.

a. Il aime la peinture. _____

b. Elle veut aller au théâtre. _____

c. Il aime le cinéma. _____

d. C'est un enfant. _____

e. Elle veut visiter Paris. _____

f. Il aime la musique classique. _____

g. Elle aime les chansons. _____

h. Il adore l'opéra. _____

Racontez-moi

Vous allez apprendre à :

☑ dire ce que vous avez fait ou ce qu'une personne a fait

☑ dire et à demander la date et l'heure

☑ féliciter une personne

Travail avec les pages Interactions

Vocabulaire

- actualité (n.f.) _____
- chien (n.m.) _____
- cire (n.f.) _____
- coupe (n.f.) _____
- lune (n.f.) _____
- personnage (n.f.) _____
- philosophe (n.m.) _____

- pièce (de théâtre) (n.f.) _____
- président (n.m.) _____
- rendez-vous (n.m.) _____
- souvenir (n.m.) _____
- vacances (n.f.pl.) _____
- entier (adj.) _____
- férié (adj.) _____

- scolaire (adj.) _____
- gagner (v.) _____
- ouvrir (v.) _____
- aujourd'hui _____
- hier _____

Apprenez le vocabulaire

1. Associez les mots de chaque colonne.

1. jour

2. espace

3. passé

4. château

5. personnages

6. philosophe

7. siècle

8. président

a. Platon

b. 24 heures

c. souvenir

d. lune

e. Nicolas Sarkozy

f. 100 ans

g. Versailles

h. hommes et femmes célèbres

2. Complétez avec les verbes de la liste.

découvrir – gagner – oublier – ouvrir – partir

a. Il a joué au Loto. Il n'a pas _____.

b. Le matin, la boutique _____ à 10 heures.

c. Nous _____ en vacances en juillet. Nous allons _____ la Corse.

d. N' _____ pas de faire un peu de français tous les jours.

Vérifiez votre compréhension

3. Lisez le texte « Musée Grévin ». Les phrases suivantes sont-elles vraies ou fausses ?

	vrai	faux
a. Au musée Grévin, il y a des tableaux.	☐	☐
b. On peut voir les grands personnages de l'histoire.	☐	☐
c. Il y a aussi des artistes d'aujourd'hui.	☐	☐
d. Les personnages sont en cire.	☐	☐
e. Le musée n'est pas ouvert tous les jours de la semaine.	☐	☐

Comprenez les verbes au passé

4. Trouvez ces personnages de l'histoire « Vous connaissez la chanson ? ».

a. Elle est née aux Antilles.   Mélissa

b. Il a travaillé à Toulouse.   _____

c. Elle a fait le voyage Montréal-Paris pour le stage « Musique et danse ».   _____

d. Ils ont appris le rôle de Quasimodo.   _____

e. Il a très bien chanté le rôle de Quasimodo.   _____

f. Il est arrivé au théâtre une heure avant le spectacle.   _____

Travail avec les pages Ressources

Vocabulaire

- **Les jours de la semaine :** lundi, mardi, mercredi, jeudi, vendredi, samedi, dimanche.
- **Les mois de l'année :** janvier, février, mars, avril, mai, juin, juillet, août, septembre, octobre, novembre, décembre.

• départ (n.m.)	_____	soir (n.m.)	_____	en retard	_____
après-midi (n.m./f.)	_____	• dernier (adj.)	_____	midi	_____
arrivée (n.f.)	_____	prochain (adj.)	_____	minuit	_____
matin (n.m.)	_____	• déjeuner (v.)	_____	quand	_____
minute (n.f.)	_____	• en avance			

Apprenez la conjugaison du présent des nouveaux verbes

1. Complétez les conjugaisons.

ouvrir	voir	dormir
j'ouvre	je vois	je dors
tu _____	tu _____	tu _____
il/elle _____	il/elle _____	il/elle _____
nous _____	nous voyons	nous dormons
vous _____	vous _____	vous _____
ils/elles ouvrent	ils/elles voient	ils/elles _____

Apprenez la conjugaison du passé composé

Rappelez-vous

■ On utilise le passé composé pour indiquer une action passée.

■ On forme le passé composé avec :
  – *avoir* + **participe passé du verbe** : *Hier, j'ai dîné au restaurant.*
  – **être** + **participe passé** (avec les verbes *aller, venir, partir*, etc.) :
  Hier, je suis allé au restaurant.

2. Observez la formation des participes passés. Notez vos remarques.

verbes en -*er*

→ **participe passé** : _____

aimer → aimé

préférer → _____

habiter → _____

fêter → _____

écouter → _____

regarder → _____

travailler → _____

aller → _____

entrer → _____

avoir → eu

verbes en -*oir* → **participe passé** : _____

savoir → su

voir → _____

vouloir → _____

verbes en -*endre* → **participe passé** : _____

comprendre → compris

apprendre → _____

verbes en -*ir* → **participe passé** : _____

partir → parti

dormir → _____

venir → venu

ouvrir → ouvert

découvrir → _____

3. Complétez en mettant les verbes au passé composé.

Le samedi de Kevin

a. Hier, samedi, j'(*faire*) _____ beaucoup de choses.

b. Le matin, Pierre et moi, nous (*jouer*) _____ au tennis.

c. J'(*gagner*) _____ .

d. À midi, j'(*déjeuner*) _____ avec Pauline.

e. L'après-midi, elle (*aller*) _____ chez une copine pour travailler.

f. Moi, je (*aller*) _____ au cinéma.

g. Le soir, des copains (*venir*) _____ chez moi.

h. Nous (*regarder*) _____ un film.

Utilisez la forme négative du passé composé

4. Dimanche, vous avez travaillé toute la journée. Répondez à ces questions.

a. Tu as fait un jogging dimanche matin ? –**Non, je n'ai pas fait de jogging dimanche matin.**

b. Tu es allé(e) au cinéma ?

_____

c. Tu as vu une exposition ?

_____

d. Tu es resté(e) chez toi ?

_____

Dites l'heure

5. Écrivez les heures en chiffres.

a. huit heures et quart : _____

b. onze heures et demie : _____

c. quinze heures dix : _____

d. sept heures moins vingt : _____

e. midi moins le quart : _____

f. une heure et quart : _____

6. Écrivez en lettres les heures suivantes.

a. 07.00 : _____

b. 09.25 : _____

c. 10.35 : _____

d. 11.30 : _____

e. 00.15 : _____

Apprenez le vocabulaire

7. Complétez avec un nom formé d'après le verbe.

a. (venir)   La **venue** du Président français au Mexique.

b. (visiter)   La _____ du musée

c. (travailler) Le _____ à faire

d. (rencontrer) Il a fait une _____

e. (entrer)   L'_____ des artistes

f. (arriver)   L'_____ du Tour de France

g. (rentrer)   La _____ des classes

h. (fêter)   La _____ du 14 juillet

8. Répondez « oui » au professeur.

a. Vous avez fait l'exercice ? – Oui, j'ai fait l'exercice.

b. Vous avez compris la grammaire ? – Oui, _____

c. Vous avez appris le vocabulaire ? – _____

9. Vous ne connaissez pas la nouvelle. Répondez « non ».

a. Tu as écouté la radio ? – **Non, je n'ai pas écouté la radio.**

b. Tu as lu le journal ? – Non, _____

c. Tu as regardé la télé ? – _____

Vérifiez votre compréhension

10. Répondez à des questions sur Noémie. (histoire : « Vous connaissez la chanson ? »)

• Noémie a fait le stage « Musique et danse » ? _____

• Elle est allée à Paris ? _____

• Elle a rencontré Mélissa et Florent ? _____

• Elle a dansé avec Florent ? _____

• Elle a joué dans « Notre-Dame de Paris » ? _____

• Elle est partie avec Maxime ? _____

🎧 Entraînement à l'oral

Vocabulaire

• amour (n.m.)	_____	santé (n.f.)	_____	continuer (v.)	_____
bravo (n.m.)	_____	SMS (n.m.)	_____	dormir (v.)	_____
casting (n.m.)	_____	• bizarre (adj.)	_____	rentrer (v.)	_____
félicitation (n.f.)	_____	génial (adj.)	_____	voir (v.)	_____
jardin (n.m.)	_____	intéressé (adj.)	_____	• jusqu'à	_____
portable (n.m.)	_____	• arriver (v.)	_____	puis	_____

Prononcez

Rappelez-vous

■ Attention à l'enchaînement :

une heure   quatre heures

six heures   neuf heures

deux heures et quart   trois heures et demie

1. 🕐 16 Écoutez les heures. Notez et répétez.

a. 8h30   c. _____   e. _____

b. _____   d. _____

2. 🕐 17 Écoutez les dates. Notez et répétez.

a. mardi 1er janvier

b. _____

c. _____

d. _____

e. _____

f. _____

Parlez

3. 🕐 18 Répondez selon votre expérience.

a. Vous avez fait un voyage aux dernières vacances ?

– Oui, J'ai fait un voyage. / Non, je n'ai pas fait de voyage.

b. Vous êtes allé(e) à l'étranger ?

_____

c. Vous avez visité une région ?

_____

d. Vous avez vu de beaux paysages ?

e. Vous avez visité des musées ?

f. Vous avez découvert de bons restaurants ?

Vérifiez votre compréhension

4. 🕐 **19** Écoutez ces dialogues. Associez-les avec les dessins. Transcrivez le dialogue.

1

2

3

4

Pages Écrits et Civilisation

Vocabulaire

• appartement (n.m.)	poste (n.f.)	• premier (adj.)
ascenseur (n.m.)	projet (n.m.)	• décider (v.)
classe (n.f.)	réunion (n.f.)	demander (v.)
dentiste (n.m./f.)	supermarché (n.m.)	dîner (v.)
horaire (n.m.)	t'chat (n.m.)	s'inscrire (v.)
mot (n.m.)	type (n.m.)	
nord (n.m.)	voisin (n.m.)	

Apprenez le vocabulaire

1. Continuez les séries avec deux ou trois mots.

a. mardi, mercredi, jeudi, _____

b. seconde, minute, _____

c. midi, 15 heures, 18 heures, _____

d. mars, avril, _____

e. matinée, après-midi, _____

Écrivez la présentation d'une personne

2. La comédienne Audrey Tautou vient dans votre ville pour la sortie de son nouveau film.
Dans le journal de votre école, vous rédigez un petit article sur elle.
Utilisez les informations suivantes. Vous pouvez aussi imiter l'article p. 20 de votre livre.
Exemple :

Le charme d'Audrey Tautou

Le cinéma français a une nouvelle actrice. Elle s'appelle Audrey Tautou.
(Continuez)

_____

_____

_____

_____

_____

_____

Audrey Tautou

- **Née en** 1976 à Beaumont.
- Enfance en Auvergne.
- Bac (mention Bien). Études de lettres.
- Cours Florent à Paris (école pour la formation des acteurs).
- Piano et hautbois.

Caractère : indépendante, solitaire, discrète.

Films :

Vénus Beauté (1999) ; César du meilleur espoir féminin en 2000 pour ce film.

Célèbre pour *Le Fabuleux Destin d'Amélie Poulain* (2001) et *Da Vinci Code* (2006) (joue le rôle de Sophie Renaud).

Autres films : *L'Auberge espagnole* (2002) ; *Dirty Pretty Things* (2003) ; *Un long dimanche de fiançailles* (2004).

Loisirs : la photo ; le bricolage ; les voyages (Indonésie, Pérou).

Lectures préférées : Victor Hugo, Oscar Wilde, Paul Auster.

Préparation au DELF A1

• Compréhension orale

🕐 20 Écoutez les quatre témoignages et complétez la fiche.

	Prénom	Ville et pays	Goûts	Langue
a.				
b.				
c.				
d.				

• Production orale

Entraînez-vous pour l'entretien. Reliez les questions et les réponses.

1. Vous faites du sport ?

2. Quel est votre métier ?

3. Vous aimez le cinéma, le théâtre ?

4. Vous travaillez dans un journal ?

5. Vous habitez dans quelle ville ?

6. Votre nationalité ?

7. Vous avez quel âge ?

8. Vous parlez plusieurs langues ?

a. J'aime beaucoup les films policiers asiatiques.

b. Je fais de la randonnée.

c. Je travaille à la radio.

d. Je suis journaliste.

e. Belge.

f. J'habite à Lyon.

g. Je parle l'anglais, le flamand et j'apprends le français.

h. 29 ans.

• Compréhension écrite

AUX ÉLÈVES DE LA CLASSE DE TROISIÈME

La médiathèque est fermée du vendredi 11 à 14 h au mardi 15 à 14 h.
Les élèves doivent laisser les CD, DVD, livres au Secrétariat du Directeur des études, bâtiment A, avant lundi 18 h.
          La documentaliste

		vrai	faux
a.	Le message est adressé aux élèves de troisième.	☐	☐
b.	La médiathèque est fermée cinq jours.	☐	☐
c.	Les élèves ne doivent pas rendre les CD, les DVD et les livres.	☐	☐
d.	Le secrétariat se trouve au bâtiment A.	☐	☐

• Production écrite

Vous cherchez une chambre d'étudiant : vous écrivez à la Cité internationale à Paris.

Mettez les éléments de cette lettre dans l'ordre.

a. Bologne, le 12 juillet 2007

b. Je cherche une chambre d'étudiant pour le mois d'octobre.

c. Je m'appelle Domenico Trapani, j'ai 25 ans, j'habite en Italie, à Bologne.

d. Monsieur le Directeur,

e. Je vous prie d'agréer mes salutations distinguées.

f. Domenico Trapani.

g. Je suis étudiant en droit international et je viens faire mes études de doctorat à Paris.

1. _____

2. _____

3. _____

4. _____

5. _____

6. _____

7. _____

Bon voyage !

Vous allez apprendre à :

☑ parler des voyages
☑ utiliser les moyens de transports
☑ montrer quelque chose, faire des comparaisons
☑ exprimer la possession

Travail avec les pages Interactions

Vocabulaire

• abbaye (n.f.)	liste (n.f.)	meilleur (adj.)
bateau (n.m.)	monde (n.m.)	mystérieux (adj.)
campagne (n.f.)	nature (n.f.)	pittoresque (adj.)
circuit (n.m.)	pied (n.m.)	spécial (adj.)
corps (n.m.)	pirogue (n.f.)	tranquille (adj.)
découverte (n.f.)	prix (n.m.)	• organiser (v.)
eau (n.f.)	séjour (n.m.)	• loin / près
euro (n.m.)	tente (n.f.)	mieux
formule (n.f.)	tête (n.f.)	moins
groupe (n.m.)	tour (n.m.)	plus
hébergement (n.m.)	train (n.m.)	sous
liberté (n.f.)	• intéressant (adj.)	trop

Vérifiez votre compréhension du document p. 46-47

1. Associez chaque séjour à un moyen de transport.

a. Sologne et Val de Loire   **1.** à pied

b. Pyrénées   **2.** en car

c. Normandie   **3.** en pirogue

d. Guyane   **4.** en voiture

2. Vrai ou Faux ?

	VRAI	FAUX
a. Les châteaux de la Loire sont loin de la Sologne.	☐	☐
b. La thalasso à Arcachon, c'est pour être en forme.	☐	☐
c. Le séjour en Guyane propose l'hébergement sous la tente.	☐	☐
d. En Normandie, on peut voir le Mont-Saint-Michel.	☐	☐
e. Dans les Pyrénées, on parle avec les habitants.	☐	☐

Apprenez le vocabulaire

3. Trouvez les mots qui correspondent à chaque dessin.

a. le type de voyage :

visite : _____   séjour : _____   circuit : _____

randonnée : _____   découverte : _____

b. les lieux :

la mer : _____   la montagne : _____   les monuments : _____

les beaux paysages : _____   une abbaye : _____   la piscine : _____

c. les activités :

On se détend : _____

On visite des monuments : _____

On fait du sport : _____

On découvre des civilisations anciennes : _____

On fait de la natation : _____

4. Complétez avec « plus » ou « moins ».

a. Je préfère le piano, c'est _____ classique.

b. J'adore le rap, c'est _____ moderne.

c. Il joue au football, c'est _____ sportif.

d. Elle fait du yoga, c'est _____ fatiguant.

e. Il apprend le chinois, c'est _____ intéressant.

f. J'apprends le français, c'est _____ difficile.

Travail avec les pages Ressources

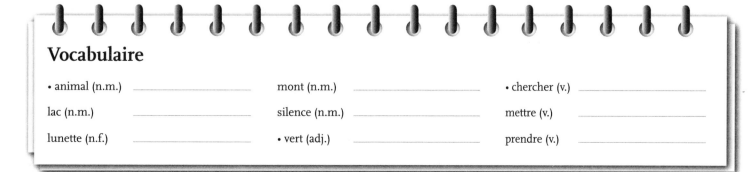

Vocabulaire

• animal (n.m.) _____   mont (n.m.) _____   • chercher (v.) _____

lac (n.m.) _____   silence (n.m.) _____   mettre (v.) _____

lunette (n.f.) _____   • vert (adj.) _____   prendre (v.) _____

Apprenez les conjugaisons

Pour apprendre les conjugaisons :

■ **1.** Observez les verbes qui ont la même conjugaison.
prendre – comprendre – apprendre (*je prends, je comprends, j'apprends*)
partir – dormir (*je pars, je dors*)

■ **2.** Apprenez-les comme de petits dialogues.
Tu viens ? – Oui, je viens. Et Pierre, il vient ? Et Marie, elle vient ?
Vous venez ? – Oui, nous venons.
Ils viennent !

1. Observez et complétez les conjugaisons avec *prendre*, *comprendre* et *apprendre*.

Je (prendre) _____ le train.

Tu (comprendre) _____ l'explication.

Elle (apprendre) _____ le japonais.

Nous (prendre) _____ un café.

Vous (comprendre) _____ l'anglais ?

Ils (apprendre) _____ le ski.

2. Complétez la conjugaison de *mettre*.

Je mets mes lunettes   Nous mettons _____

Tu _____   Vous _____

Il/Elle _____   Ils/Elles _____

3. Mettez les verbes au passé.

a. Le mois dernier, Hélène (*partir*) _____ .

b. Elle (*mettre*) _____ ses affaires dans sa valise.

c. Elle (*prendre*) _____ le train pour Paris.

d. Alors j'(*comprendre*) _____ .

e. J'(*apprendre*) _____ à vivre sans elle.

4. Parler du passé. Vous avez tout fait avant lui.

Grands voyageurs

a. En janvier, je vais au Japon. – **Je suis allé(e) au Japon.**

b. En février, je visite le Mexique. – _____

c. En mars, je fais une randonnée en Espagne. – _____

d. En avril, je passe dix jours en Chine. – _____

e. En mai, je travaille en Argentine. – _____

f. En juin, je pars au Canada. – _____

g. Le reste de l'année, je découvre l'Afrique. – _____

Apprenez à comparer

 **Rappelez-vous**

■ Marie est grande. Hélène est **plus** grande.

■ Marie est une **bonne** étudiante. Hélène est **meilleure**.

■ L'hôtel du Centre est un **bon** hôtel. L'hôtel du Palais est **meilleur**.

■ Hélène parle **bien** anglais. Marie parle **mieux**.

5. Complétez avec « plus », « moins », « aussi ».

a. Le prix du café est 1,20 €. La bière est _____ chère.

b. L'eau est _____ chère. Le chocolat est _____ cher.

c. La bière est à 2,50 €. Le coca est _____ cher.

d. Le chocolat est _____ cher.

Cafétéria
Nos prix

Eau minérale	0,80 €
Café	1,20 €
Chocolat	1,20 €
Coca	2,50 €
Bière	2,50 €
Vin	3 €

6. Comparez ces villes. Complétez avec « grand »/« petit » ou « plus »/« moins »/« aussi ».

Londres (3 millions)   Paris (2,2 millions)   São Paolo (10 millions)

New York (9, 3 millions)   Rome (3 millions)

a. Rome a 3 millions d'habitants. New York est _____ grand.   **c.** São Paolo est plus _____.

b. Paris est plus _____.   **d.** Londres est _____ grand.

7. Comparez ces restaurants. Complétez avec « meilleur », « aussi bon », « moins bon ».

Restaurant du Parc * – Restaurant des Artistes ** – Restaurant du Festival – Restaurant du Musée *

a. Le restaurant du Parc est un bon restaurant.   **c.** Le restaurant du Musée est _____.

b. Le restaurant du Festival est _____.   **d.** Le restaurant des Artistes est _____.

8. Comparez des distances. Complétez avec « près / loin » ou « plus / moins / aussi ».

Paris-Marseille (800 km) – Paris-Nice (1000 km) – Montpellier-Paris (800 km) – Lille-Paris (200 km)

a. Marseille est à 800 km de Paris.   **c.** Montpellier est _____ loin.

b. Nice est plus _____.   **d.** Lille est plus _____.

Apprenez à montrer

9. Complétez avec « ce », « cet », « cette », « ces »...

a. *Photos souvenirs*

Regarde **cette** photo. Tu connais _____ ville ? _____ maisons sont très anciennes et _____ palais est très moderne.

Il y a aussi _____ cathédrale très classique. Nous avons dormi dans _____ hôtel.

b. *Goûts*

Tu écoutes _____ musique ? Tu aimes _____ animateur ? Tu connais _____ roman ? Tu lis _____ journaux ?

Tu préfères _____ musiciens ?

10. Complétez avec « ce », « cette », « un », « une », « le », « la »...

a. Tu as vu _____ spectacle ?

– Oui, c'est _____ spectacle magnifique.

b. Tu connais _____ nom de _____ artiste américaine ?

– Oui, c'est _____ chanteuse de jazz.

c. Tu aimes _____ écrivain ?

– C'est _____ auteur du *Château de ma mère* : Marcel Pagnol.

d. Tu comprends _____ expression ?

– C'est _____ expression difficile.

11. Utilisez « ce », « cette », « ces », etc. Répondez.

On regarde les propositions sur « e-bay »

a. Qu'est que tu penses de la montre ? – **Ah, je voudrais bien cette montre !**

b. Qu'est que tu penses du piano ? – _____

c. Et le tableau de Monet ? – _____

d. Et les CD de Johnny ? – _____

e. Et l'ordinateur ? – _____

Exprimez la possession

12. Associez les phrases et les situations. Complétez avec des possessifs.

a. _____ / Ici c'est **mon** île, _____ maison, _____ atelier, _____ piscine.

b. _____ / Tu as oublié _____ montre, _____ livres, _____ portable.

c. _____ / Voici _____ professeur et _____ amis du stage.

    – Je suis très heureux de faire _____ connaissance.

d. _____ / Visitez Lyon : _____ cathédrale, _____ musées, _____ université, _____ bonnes adresses.

e. _____ / Je connais _____ noms, _____ adresses et les noms de _____ copains.

13. Répondez selon les instructions. Utilisez les possessifs.

On regarde les photos

a. C'est ta rue ? – **Oui, c'est ma rue.**

b. C'est ta maison ? – Oui, _____.

c. Ce sont tes amis ? – Oui, _____.

d. C'est la maison de Florent ? – Oui, _____.

e. C'est l'amie de Florent ? – Non, _____.

f. Ce sont tes parents ? – Oui, _____.

g. C'est votre voiture ? – Oui, _____.

🎧 Entraînement à l'oral

Vocabulaire

• bébé (n.m.)	idée (n.f.)	traversée (n.f.)
bienvenue (n.f.)	maman (n.f.)	valise (n.f.)
billet (n.m.)	mari (n.m.)	• changer (v.)
bise (n.f.)	mère (n.f.)	composter (v.)
catalogue (n.m.)	message (n.m.)	laisser (v.)
chat (n.m.)	oiseau (n.m.)	noter (v.)
chéri (n.m.)	papa (n.m.)	passer (v.)
décision (n.f.)	parent (n.m.)	penser (v.)
gare (n.f.)	père (n.m.)	• parce que
Hexagone (n.m.)	sac (n.m.)	pourquoi

Prononcez

1. 🎧 **21** Distinguez « u » et « ou ». Écrivez le mot que vous entendez.

Son « u » [y]	Son « ou » [u]
salut	boulevard

2. 🎧 **22** Cochez le son que vous entendez.

	1	2	3	4	5	6	7	8
b								
v								
f								

Vérifiez votre compréhension

3. 🎧 **23** Écoutez.
Marie raconte sa journée
de samedi. Complétez l'agenda.

Samedi
8 h _____
9 h _____
10 h _____
11 h _____
12 h _____
13 h _____
14 h _____

Samedi
15 h _____
16 h _____
17 h _____
18 h _____
19 h _____
20 h _____
21 h _____

Pages Écrits et Civilisation

Vocabulaire

• aéroport (n.m.) _____	famille (n.f.) _____	voyageur (n.m.) _____
aire de service (n.f.) _____	métro (n.m.) _____	• agréable (adj.) _____
ambassade (n.f.) _____	place (n.f.) _____	bas (adj.) _____
autobus (n.m.) _____	réservation (n.f.) _____	content (adj.) _____
autoroute (n.f.) _____	retour (n.m.) _____	grave (adj.) _____
bouchon (n.m.) _____	route (n.f.) _____	important (adj.) _____
car (n.m.) _____	station (n.f.) _____	joli (adj.) _____
compagnie (n.f.) _____	sud (n.m.) _____	rapide (adj.) _____
consulat (n.m.) _____	ticket (n.m.) _____	rouge (adj.) _____
contrôle (n.m.) _____	tramway (n.m.) _____	• annuler (v.) _____
destination (n.f.) _____	vitesse (n.f.) _____	confirmer (v.) _____
enquête (n.f.) _____	vol (n.m.) _____	réserver (v.) _____

Vérifiez votre compréhension

1. Lisez le texte « Le week-end rouge » et remplissez le tableau.

	Bénédicte et Karim	Yasmina	Jérémy
Lieu de départ			
Destination			
Durée			
Moyen de transport			
Pourquoi ce moyen de transport			

Apprenez le vocabulaire

2. Complétez les couples.

a. Mon chien et **mon chat**

b. Mon père et _____

c. Ma maman et _____

d. Le mari et _____

e. Le train ou _____

f. Ma valise et _____

g. L'autobus ou _____

h. La route ou _____

i. L'ambassade ou _____

j. L'aller et _____

3. Complétez avec un verbe de la liste.

annuler – composter – laisser – mettre – passer – prendre

a. Pour aller de Paris à Lyon, vous _____ le train ou l'avion ?

b. Dans la gare, avant de monter dans le train, il faut _____ son billet.

c. Elle a réservé une place sur le vol Paris-Amsterdam mais elle ne peut pas partir. Elle doit _____ sa réservation.

d. Quand vous faites une randonnée en montagne, vous _____ des lunettes !

e. En juillet, nous _____ trois semaines de vacances à la mer.

f. Quand nous partons en vacances, nous _____ les clés de notre appartement à des amis.

4. Lisez ce document et répondez.

Collection Informations

Mes voisins
ne sont jamais loin

Voyages en Europe

SNCF

Railteam, une alliance pleine de promesses
Des trains, beaucoup de trains pour rendre visite à mes voisins

TGV Lyria, direction la Suisse
Avec les TGV Lyria j'y vais plus vite
Paris-Genève : 3h22
Paris-Lausanne : 3h53
Paris-Bâle : 3h30

Thalys, départ pour la Belgique,
les Pays-Bas, l'Allemagne...
Paris-Bruxelles : 1h25, 25 allers-retours quotidiens,
Paris-Anvers : 6 allers-retours quotidiens,
Paris-Amsterdam : 4h05, 5 allers-retours quotidiens
Paris-Cologne : 3h50, 6 allers-retours quotidiens

TGV EST Européen
Paris-Nancy : 1h30
Paris-Strasbourg : 2h20
Paris-Luxembourg : 2h06
L'Allemagne à 1h50 de Paris
à 320 km/h
Paris-Stuttgart : 3h40

Eurostar
Un train toutes les heures. 2h15,
directement au centre de Londres.

a. Pour aller en Grande-Bretagne, je prends _____ .

b. Pour aller à Bruxelles, il y a _____ .

c. Pour aller à Londres, je peux partir _____ .

d. Pour aller à Bâle, je prends _____ .

e. Pour aller à Strasbourg, je mets _____ .

5. Lisez cette publicité.

MAIRIE DE PARIS

Des milliers de Vélos à Paris c'est la...

lib'erté

velib.paris.fr

Velib'
La ville est plus belle à vélo

Velib'
→ *Pour sortir, faire des courses, travailler*
Velib'
→ *Pour des trajets courts dans Paris*
Velib'
→ *Une station tous les 300 mètres ;*
  24h/24 et 7jours/7
Velib'
→ Carte **1 an** : 25 €   Ticket **7 jours** : 5 €
→ Ticket **1 jour** : 1 €

Info 01 30 79 79 30
www.velib.paris.fr

6. Retrouvez les informations.

a. Nom de l'opération : _____

b. Lieu : _____

c. Type de transport : _____

d. Pour quoi faire : _____

e. Prix à l'année : _____

f. Comment s'informer : _____

g. Où s'informer : _____

Bon appétit !

Vous allez apprendre à :

☑ parler de nourriture et des habitudes alimentaires
☑ commander un repas au restaurant
☑ utiliser les articles
☑ exprimer la possession

Travail avec les pages Interactions

Vocabulaire

• abricot (n.m.)	jambon (n.m.)	réception (n.f.)
agneau (n.m.)	jus (n.m.)	repas (n.m.)
animation (n.f.)	lait (n.m.)	riz (n.m.)
assiette (n.f.)	magicien (n.m.)	saison (n.f.)
banane (n.f.)	marché (n.m.)	salade (n.f.)
bœuf (n.m.)	mariage (n.m.)	saucisse (n.f.)
boisson (n.f.)	melon (n.m.)	saucisson (n.m.)
buffet (n.m.)	menu (n.m.)	saumon (n.m.)
carotte (n.f.)	œuf (n.m.)	spécialité (n.f.)
champignon (n.m.)	olive (n.f.)	tarte (n.f.)
cocktail (n.m.)	orange (n.f.)	thé (n.m.)
concombre (n.m.)	pâte (n.f.)	thon (n.m.)
côtelette (n.f.)	pâté (n.m.)	tomate (n.f.)
crème (n.f.)	pâtisserie (n.f.)	traiteur (n.m.)
dessert (n.m.)	plaisir (n.m.)	viande (n.f.)
eau minérale (n.f.)	plat (n.m.)	yaourt (n.m.)
entrée (n.f.)	plateau (n.m.)	• blanc (adj.)
feu d'artifice (n.m.)	poire (n.f.)	géant (adj.)
fraise (n.f.)	poisson (n.m.)	grillé (adj.)
frite (n.f.)	pomme (n.f.)	rosé (adj.)
fromage (n.m.)	pomme de terre (n.f.)	rôti (adj.)
fruit (n.m.)	porc (n.m.)	végétarien (adj.)
glace (n.f.)	poulet (n.m.)	• boire (v.)
haricot (n.m.)	purée (n.f.)	manger (v.)

Vérifiez votre compréhension

1. Classez les mots du document des pages 54-55.

Les légumes	
Les charcuteries	
Les viandes	
Les poissons	
Les produits laitiers	
Les fruits	
Les pâtisseries	
Les boissons	

2. Repérez les mots du document (p. 54-55) qui parlent de :

a. une région : _____

b. une ville : _____

c. un pays : _____

3. Repérez dans le document les plats qui n'appartiennent pas à la cuisine française.

Afrique	
Amérique	
Asie	
Europe	

Apprenez le vocabulaire

4. Donnez des exemples...

a. de plats avec un légume cru : _____

c. de boisson sucrée : _____

b. de plats avec une viande cuite : _____

d. de produit laitier salé : _____

5. Qu'est-ce que tu bois ? Continuez comme dans l'exemple.

Thé → **du thé**

Eau → _____

Lait → _____

Vin → _____

Bière → _____

Apéritif → _____

Eau minérale → _____

Cocktail → _____

6. Qu'est-ce que tu prends ?

Verre de vin → **un verre de vin**

Bière → **de la bière**

Tasse de thé → _____

Assiette de crudités → _____

Steak-frites → _____

Gâteau au chocolat → _____

Morceau de tarte → _____

Jus d'orange → _____

Glace → _____

Confiture → _____

Travail avec les pages Ressources

Vocabulaire

• alcool (n.m.) _____

apéritif (n.m.) _____

frère (n.m.) _____

morceau (n.m.) _____

sœur (n.f.) _____

sucre (n.m.) _____

verre (n.m.) _____

• inviter (v.) _____

Utilisez les articles

Rappelez-vous

■ Pour parler des choses ou des personnes différenciées ou comptables, on emploie : **un, une, des**.
Exemples : *Je voudrais **une** glace au chocolat.*
*Il y a **des** étudiants dans la classe.*

■ Pour parler des personnes et des choses indifférenciées non comptables, on emploie : **du, de la, de l'**.
Exemples : *Au dessert il y a **de la** glace au chocolat.*
*Il y a **du** monde dans la rue.*

■ Pour parler des choses et des personnes en général, on emploie : **le, la, l', les**.
Exemples : *Je n'aime pas **la** glace au chocolat.*
***Les** Français déjeunent entre midi et 13h30.*

1. Complétez avec le bon article.

Phrases entendues dans un restaurant

a. Qu'est-ce que tu prends en entrée ?

– **Du** jambon, _____ salade, _____ champignons à la grecque, _____ pâté ?

b. Tu bois quoi ? _____ verre de vin ?

– Non, je préfère _____ eau minérale ou _____ bière.

c. _____ café est bon ici. Est-ce que vous voulez _____ café ?

d. J'aime bien _____ glace napolitaine : est-ce qu'il y a _____ glace au dessert ?

e. Vous prenez _____ saumon ?

– Non, je préfère _____ jambon.

f. Vous aimez _____ poulet de Bresse ?

– Oui, avec _____ riz.

g. J'aime bien _____ gâteaux mais je préfère _____ fromage.

h. À midi, je mange _____ crudités, _____ fruits et je bois _____ eau minérale.

i. Comme boisson, qu'est-ce que vous prenez ? _____ vin, _____ bière ou _____ eau ?

j. Je voudrais _____ pain, s'il vous plaît !

2. Composez votre petit déjeuner préféré.

a. Je prends **du** thé, _____ toasts, _____ confiture

et _____ yaourt.

b. Je bois _____ cappuccino ou _____ café au lait,

et _____ jus de fruit.

c. Je mange _____ fruits, _____ fromage, _____

croissant, _____ charcuterie ou _____ œufs au bacon.

Thé, café au lait, cappuccino,
jus de fruit,
céréales, confiture, compote,
marmelade,
toasts, tartines, croissants
beurre, yaourt
fromage, œufs au bacon, charcuterie

Posez des questions

3. Lisez la réponse et trouvez la question.

a. Vacances sportives

• **Est-ce que tu fais du sport ?**   – Oui, je fais du sport.

• _____ ?   – Je fais du vélo.

• _____ ?   – En Corse.

• _____ ?   – En juillet.

• _____ ?   – Avec François, Annick et Daniel.

• _____ ?   – Si, je fais aussi de la randonnée.

b. Soirée au concert

• _____ ?   – Ce soir, je vais au concert.

• _____ ?   – Je vais voir Björk.

• _____ ?   – Au Zénith.

• _____ ?   – Ce soir à 21 heures.

• _____ ?   – Avec Ludovic.

c. Rendez-vous chez le directeur

• **Est-ce que tu as rendez-vous avec le directeur ?**   – Oui, j'ai rendez-vous demain.

• _____ ?   – À son bureau.

• _____ ?   – À 10 heures.

• _____ ?   – Si, Hélène vient aussi au rendez-vous.

4. Posez la question comme dans l'exemple.

• **Avec qui part Nathalie ?**   – Nathalie part avec Bertrand.

• _____ ?   – Moi, je pars avec Fanny.

• _____ ?   – Nous dormons à l'hôtel du Moulin.

• _____ ?   – Si, j'ai réservé deux chambres.

• _____ ?   – Nous arrivons à 10 heures.

Exprimez la possession

5. Confirmez comme dans l'exemple. Utilisez la forme « à moi », « à toi », etc.

On range l'appartement

a. C'est ton portable ?   **– Oui, il est à moi.**

b. C'est la montre de Philippe ?   – _____

c. Sarah, Julie, ce sont vos sacs ?   – _____

d. Ces BD sont aux enfants ?   – _____

e. Cette radio n'est pas à toi, Ricardo ?   – _____

Apprenez les conjugaisons

6. Mettez les verbes au temps qui convient (présent, passé composé, futur proche).

Nous (*aller*) _____ à une fête chez Pierre.

J'(*manger*) _____ des sushis et j'(*boire*) _____ du champagne.

Louis n'(*aimer*) _____ pas les sushis. Il (*prendre*) _____ des toasts au saumon.

Nous (*rencontrer*) _____ des amis australiens de Pierre.

Ils (*parler*) _____ de leur pays.

L'année prochaine, nous (*faire*) _____ un voyage en Australie.

Vérifiez votre compréhension

7. Répondez à ces questions sur l'histoire « La traversée de l'Hexagone ».

a. Est-ce que Fanny et Bertrand ont commencé leur voyage ? _____

b. Le premier soir, dans quelle région se sont-ils arrêtés ? _____

c. À quel hôtel ont-ils réservé ? _____

d. Le deuxième jour, où ont-ils déjeuné ? _____

e. Qu'a mangé Fanny ? _____

f. Qu'est-ce qu'elle a bu ? _____

🎧 Entraînement à l'oral

Vocabulaire

• cadeau (n.m.)	réceptionniste (n.m.)	• attendre (v.)
cidre (n.m.)	salon (n.m.)	commencer (v.)
confiture (n.f.)	serveur (n.m.)	finir (v.)
différence (n.f.)	• différent (adj.)	trouver (v.)
erreur (n.f.)	même (adj.)	• presque
lampe (n.f.)	original (adj.)	
miel (n.m.)	pareil (adj.)	

Prononcez

1. 🕐 24 Intonation de la question. Répétez.

Comment vas-tu ?   Que cherches-tu ?   Que décides-tu ?
Que dis-tu ?   Où dînent-ils ?   Qui connais-tu ?
Qui vois-tu ?   Où dorment-elles ?

2. 🕐 25 Rythme de la phrase négative. Répétez.

Elle ne prend pas de pain.   Elle ne mange pas de jambon.   Elle ne boit pas de lait.
Il ne boit pas d'alcool.   Il ne prend pas de melon.   Il n'organise pas de fête.

Vérifiez votre compréhension

3. 🔊 **26** Écoutez et notez le menu de chacun.

Elle	Lui

Parlez

4. 🔊 **27** Apprenez à refuser. Répondez comme dans l'exemple.

- Tu prends du pâté ?   – **Non, merci, je ne prends pas de pâté.**

- Tu bois du vin ?   – _____

- Tu ne manges pas de pain ?   – _____

- Tu veux du gâteau ?   – _____

- Tu ne veux pas de tarte ?   – _____

- Tu prends du café ?   – _____

Pages Écrits et Civilisation

Vocabulaire

- air (n.m.) _____
- ambiance (n.f.) _____
- beurre (n.m.) _____
- cantine (n.f.) _____
- céréale (n.f.) _____
- charcuterie (n.f.) _____
- client (n.m.) _____
- cour (n.f.) _____
- cuisine (n.f.) _____
- endroit (n.m.) _____
- habitude (n.f.) _____

- hôtel particulier (n.m.) _____
- mayonnaise (n.f.) _____
- mousse (n.f.) _____
- pain (n.m.) _____
- patron (n.m.) _____
- petit déjeuner (n.m.) _____
- poème (n.m.) _____
- poésie (n.f.) _____
- poète (n.m.) _____
- questionnaire (n.m.) _____
- soupe (n.f.) _____

- table (n.f.) _____
- tartine (n.f.) _____
- vue (n.f.) _____
- wagon (n.m.) _____
- • gratuit (adj.) _____
- passionné (adj.) _____
- • accueillir (v.) _____
- commander (v.) _____
- imaginer (v.) _____
- participer (v.) _____

Apprenez le vocabulaire

1. Associez les phrases de même sens.

a. J'ai fini.

b. Une seconde, s'il vous plaît.

c. Il n'est pas original.

d. C'est faux.

e. Ils sont très différents.

1. Il est pareil.

2. Vous avez fait une erreur.

3. C'est fait.

4. Ce ne sont pas les mêmes.

5. Attendez un peu.

2. Continuez. Ajoutez deux verbes.

a. Nous avons dîné au restaurant. **Nous avons commandé... Nous avons bu...**

b. J'ai fait un voyage en Bretagne. _____

c. Ils ont cherché un hôtel. _____

d. Elle a visité la ville. _____

Vérifiez votre compréhension

3. Classez les informations de l'article page 60.

Nom du lieu	Situation	Type de cuisine	Décor	Animation

4. Retrouvez le lieu où ils sont allés.

a. *Le Crime de l'Orient-Express...* Tu connais ? Eh bien, c'est pareil... _____

b. Moi, j'ai lu un poème de Jacques Prévert. _____

c. J'ai mangé un tiramisù sur l'air du *Barbier de Séville*. _____

d. Hier, j'ai fait une couscous partie avec les copains dans un endroit pas cher. _____

e. Tout est calme (pour le lieu) et délice (pour la glace). _____

5. Lisez la recette et remettez les différentes opérations dans l'ordre.

SALADE BRESSANE

♦ 3 blancs de poulet

♦ 2 avocats

♦ 150 g de salades variées

♦ Moutarde

♦ Vin blanc

♦ 75 g de crème fraîche

♦ Une tomate

♦ 10 g de beurre

♦ Sel

♦ Poivre

a. Ajoutez la crème fraîche puis la moutarde.

b. Préparez la sauce : mettez le vin blanc.

c. Ajoutez la tomate, l'avocat en morceaux, les blancs de poulet et les salades variées.

d. Ajoutez le sel et le poivre.

e. Lavez la salade.

f. Faites cuire les blancs de poulet 5 minutes.

g. Servez.

_____

_____

_____

_____

Test

6. Dans quel pays prend-on ces petits déjeuners ?

Allemagne – Angleterre – Italie – Pays-Bas – Espagne.

a. Thé, jus de fruits, céréales, toast, marmelade, beurre, œufs au bacon.

b. Café, jambon, pain, beurre, gouda, sirop de pomme, céréales.

c. Espresso, cappuccino, croissant.

d. Café, compote, fromage, viande froide, pain, beurre.

e. Café au lait, pain grillé, beurre.

Quelle journée !

Vous allez apprendre à :

☑ parler de votre emploi du temps et de vos activités quotidiennes
☑ choisir, acheter, payer quelque chose
☑ donner des ordres ou des conseils

Travail avec les pages Interactions

Vocabulaire

- bain (n.m.) _____
courrier (n.m.) _____
douche (n.f.) _____
étoile (n.f.) _____
glace (n.f.) _____
magasin (n.m.) _____
moment (n.m.) _____
projet (n.m.) _____
question (n.f.) _____
réponse (n.f.) _____

- court (adj.) _____
gentil (adj.) _____
plein (adj.) _____
- poser (v.) _____
préparer (v.) _____
se coucher (v.) _____
se laver (v.) _____
se lever (v.) _____
se promener (v.) _____
se reposer (v.) _____

se réveiller (v.) _____
s'habiller (v.) _____
s'occuper (v.) _____
sortir (v.) _____
valider (v.) _____
- devant _____
quelque chose _____
quelqu'un _____
tout de suite _____

Apprenez le vocabulaire

1. Regardez la bande dessinée. Écrivez ce qu'elle fait.

 a
 b
 c
 d
 e
 f

 g
 h
 i
 j
 k
 l

a. Elle se réveille.

b. _____

c. _____

d. _____

e. _____

f. _____

g. _____

h. _____

i. _____

j. _____

k. _____

l. _____

2. Classez ces activités.

a. Loisirs : _____

b. Activités personnelles : _____

c. Activités professionnelles _____

1. partir au travail

2. dîner

3. faire du sport

4. rencontrer le directeur

5. se coucher

6. organiser un stage

7. aller au cinéma

8. faire des courses

9. confirmer un rendez-vous

10. s'habiller

11. travailler au restaurant

12. se doucher

13. préparer le dîner

14. se promener

3. Trouvez les noms correspondant à ces verbes.

a. se réveiller : **le réveil**

b. travailler : _____

c. rentrer : _____

d. se doucher : _____

e. se baigner : _____

f. déjeuner : _____

g. partir : _____

h. se promener : _____

i. s'occuper : _____

j. se reposer : _____

Vérifiez votre compréhension

4. Relisez le document p. 62. Dites si les phrases suivantes sont vraies ou fausses.

	VRAI	FAUX
a. Mona prend le métro pour aller travailler.	☐	☐
b. Marco est en pleine forme quand il se réveille le matin.	☐	☐
c. Sandra n'aime pas se coucher tard.	☐	☐
d. Loulou pense qu'elle n'est pas jolie.	☐	☐
e. Kriss aime rester chez elle.	☐	☐
f. Anna cherche des amis sympathiques.	☐	☐
g. Ludo a envie de sortir tous les soirs.	☐	☐

Travail avec les pages Ressources

Vocabulaire

• bonbon (n.m.) _____

examen (n.m.) : _____

papier (n.m.) _____

sandwich (n.m.) _____

stylo (n.m.) _____

• se dépêcher (v.) _____

s'endormir (v.) _____

• personne _____

plusieurs _____

quelques _____

rien _____

tôt _____

Apprenez les conjugaisons

Rappelez-vous

■ Beaucoup de verbes ont :
– une conjugaison normale : *je lave ma chemise*
– une conjugaison pronominale : *je me lave*

■ La conjugaison pronominale change le sens du verbe.
  a. sens réfléchi : *Il regarde le paysage. – Il se regarde dans la glace.*
  b. sens réciproque : *Pierre et Marie se parlent.*
  c. un autre sens : *Le vendeur rend la monnaie au client. – Pierre se rend à Paris (va).*

1. Complétez la conjugaison des verbes du type « se lever ».

je me lève

tu _____

il/elle _____

nous nous levons

vous _____

ils/elles _____

je _____

tu t'habilles

il/elle _____

nous _____

vous _____

ils/elle _____

2. Mettez les verbes au présent.

Laure et François travaillent la nuit

Le matin, je (*se réveiller*) _____ tard. François aussi (*se lever*) _____ tard.

Tous les deux, nous (*s'occuper*) _____ d'une discothèque et nous (*se coucher*) _____

à cinq heures du matin.

Nos enfants (*se lever*) _____ seuls. Ils (*s'habiller*) _____ et (*se préparer*)

_____ seuls le matin. Nous (*se voir*) _____ quand ils rentrent de l'école.

Et toi, à quelle heure tu (*se lever*) _____ ?

3. Mettez les verbes au passé composé. Laure raconte sa journée d'hier.

« Le matin, **je me suis réveillée** tard. François aussi ... »

_____

_____

_____

4. On interroge Laure. Trouvez les questions.

a. **À quelle heure tu te lèves ?** – Je me lève à midi.

b. _____ ? – Il se lève à la même heure.

c. _____ ? – Nos enfants se préparent seuls le matin.

d. _____ ? – On se voit l'après-midi.

e. _____ ? – Ils se couchent quand nous partons travailler.

5. Pierre n'aime pas aller travailler. Son amie l'encourage. Répondez pour lui.

Pierre, tu te réveilles ?   **– Oui, je me réveille.**

Pierre, tu te lèves ?   – _____

Pierre, tu t'habilles ?   – _____

Pierre, tu viens ?   – _____

Pierre, tu te prépares ?   – _____

Pierre, tu te dépêches ?   – _____

6. On pose des questions à Pierre. Répondez pour lui.

Tu te réveilles tôt ?   – **Non, je ne me réveille pas tôt.**

Tu te lèves tôt ?   – **Non,** _____

Pour aller travailler tu te dépêches ?   – **Non,** _____

Tu t'occupes des enfants ?   – **Non,** _____

Tu te couches tôt le soir ?   – **Non,** _____

7. Il fait des projets. Complétez avec la forme « _aller_ + verbe à l'infinitif ».

Projets

• Qu'est-ce que **tu vas faire** ce soir ?

– Je (_se coucher_) _____ tôt parce que demain, nous (_se promener_) _____ dans la forêt de

Fontainebleau.

• Moi, je (_aller_) _____ à une soirée. Je dois partir à huit heures. Je (_se préparer_) _____ .

– Alors, tu (_se coucher_) _____ tard.

Donnez des instructions et des conseils

8. Répétez les instructions comme dans l'exemple.

a. Tu dois te réveiller tôt. **Réveille-toi tôt.**

b. Tu dois te coucher tôt. _____

c. Tu ne dois pas te coucher tard. _____

d. Vous ne devez pas manger beaucoup. _____

e. Vous devez vous reposer. _____

f. Nous devons nous promener tous les jours. _____

9. Conseils à un sportif.

a. Tu ne dois pas te coucher tard.   – **Ne te couche pas tard !**

b. Tu ne dois pas beaucoup manger. – _____

c. Tu dois te détendre.   – _____

d. Tu dois bien dormir.   – _____

e. Tu ne dois pas te réveiller tôt. – _____

f. Tu ne dois pas boire d'alcool.   – _____

10. Répétez les conseils comme dans l'exemple.

a. Vous devez être dynamiques.   **Soyez dynamiques !**

b. Vous devez organiser votre travail. _____

c. Tu ne dois pas travailler tard. _____

d. Toi, tu dois te détendre. _____

e. Vous ne devez pas être fatigués. _____

f. Vous devez avoir du courage. _____

Utilisez les mots de quantité indéfinie

Rappelez-vous

■ Choix des mots de quantité.

Choses ou personnes différenciées ou comptables	Choses ou personnes indifférenciées ou non comptables
_Il y a_ **des** _gens._	_Il y a_ **du** _monde._
_J'ai bu_ **trois** _cafés._	_J'ai bu_ **du** _café._
J'ai mangé **quelques** _gâteaux._	_J'ai bu_ **un peu de** _Coca._
_J'ai vu_ **beaucoup d'**_amis._	_J'ai rencontré_ **beaucoup de** _monde._

11. Complétez avec « quelqu'un », « personne », « quelque chose », « rien ».

Nouveaux résidents

a. Tu connais _____ dans cette ville ?

– Non, je ne connais _____ .

b. Tu as trouvé du travail ?

– Non, je n'ai _____ trouvé.

c. Tu fais _____ ?

– Non, je ne fais _____ .

d. _____ joue au tennis avec toi ?

– Non, _____ .

e. Tu as _____ à boire ?

– Non, je n'ai _____ .

12. Complétez la recette du cocktail avec « un(e) », « des », « un peu de », « quelques », « beaucoup de ».

a. _____ jus d'orange

b. _____ jus d'abricot

c. _____ rhum

d. _____ tranches de bananes

e. _____ tranche d'orange pour la décoration

f. _____ glaçons

⊕ Entraînement à l'oral

Vocabulaire

• balade (n.f.) _____	kilo (n.m.) _____	entendre (v.) _____
bruit (n.m.) _____	ours (n.m.) _____	fabriquer (v.) _____
caravane (n.f.) _____	œuvre (n.f.) _____	• combien _____
carte bancaire (n.f.) _____	produit (n.m.) _____	exactement _____
chambre (n.f.) _____	résultat (n.m.) _____	là-bas _____
chèque (n.m.) _____	• normal (adj.) _____	peut-être _____
chèvre (n.f.) _____	parfait (adj.) _____	maintenant _____
espèce (n.f.) _____	• bouger (v.) _____	

Parlez

1. 🔊 **28 Vous êtes en vacances à Tahiti avec des amis. Répondez.**

Vous vous levez tard ? — Oui, **nous nous levons tard.**

Vos amis se lèvent tard aussi ? — Oui, _____

Tu te détends ? — Oui, _____

Tu t'occupes de la cuisine ? — Non, _____

Tu te promènes ? — Non, _____

Vous sortez le soir ? — Oui, _____

Vous vous couchez tard ? — Oui, _____

2. 🎧 **29** Jour de départ en voyage. Répétez les instructions comme dans l'exemple.

Tu dois préparer ta valise.   – **Prépare ta valise !**

Tu dois t'habiller.   – _____

Tu dois être à la gare à 8 h.   – _____

Tu dois te dépêcher.   – _____

Tu dois appeler un taxi.   – _____

Tu ne dois pas oublier ton billet.   – _____

Tu dois composter ton billet.   – _____

Vérifiez votre compréhension

3. 🎧 **30** Écoutez ce dialogue entre le secrétaire et la directrice du centre culturel. Notez dans l'agenda.

Lundi	Mardi	Mercredi		Jeudi	Vendredi	Samedi

4. 🎧 **31** Ils font la liste des courses. Écoutez et notez ce qu'ils doivent acheter dans le tableau.

Qu'est-ce qu'il achète ?	Quelle quantité ?	Où ?

Pages Écrits et Civilisation

Vocabulaire

• addition (n.f.) _____

argent (n.m.) _____

bibliothèque (n.f.) _____

centime (n.m.) _____

code (n.m.) _____

état (n.m.) _____

facture (n.f.) _____

monnaie (n.f.) _____

monument (n.m.) _____

note (n.f.) _____

patrimoine (n.m.) _____

pièce (n.f.) _____

reçu (n.m.) _____

réduction (n.f.) _____

tarif réduit (n.m.) _____

téléphone (n.m.) _____

total (n.m.) _____

• historique (adj.) _____

public (adj.) _____

• acheter (v.) _____

coûter (v.) _____

partager (v.) _____

payer (v.) _____

rendre (v.) _____

Apprenez le vocabulaire

1. Dans quel magasin trouve-t-on les produits suivants ?

a. une bouteille de lait

b. une bouteille de vin

c. un journal

d. un stylo

e. un gâteau

f. un parfum

g. du pain

h. un livre

i. un magazine

j. du café

k. des croissants

l. du chocolat

m. de la bière

n. du fromage

o. des œufs

p. une tarte

q. de l'eau minérale

r. une glace

s. des pommes

une épicerie	
une boulangerie	
une parfumerie	
une maison de la presse ou un kiosque	

2. Associez les phrases et la situation.

a. Je peux avoir ma note ?

b. Je voudrais un reçu.

c. Voici votre facture.

d. Je voudrais changer 500 pesos.

e. Vous avez une carte de réduction ?

f. L'addition, s'il vous plaît.

1. au bureau de change

2. dans un restaurant

3. au guichet de la gare

4. à la réception de l'hôtel

5. dans un garage

6. en taxi, à l'arrivée

3. Trouvez la suite.

a. Elle paie avec sa carte bancaire.

b. Elle paie la baguette de pain avec un billet de 50 €.

c. Elle fait une réservation au restaurant pour 50 personnes.

d. Elle va aux États-Unis.

e. Elle achète une maison.

1. Elle demande une réduction.

2. Le vendeur rend la monnaie.

3. Elle discute le prix.

4. Elle change ses euros en dollars.

5. Elle tape son numéro de code.

4. Complétez avec « très » ou « trop ».

Opinion sur une comédie musicale

a. J'ai vu la comédie musicale « Les Ponts de Paris ». Les chanteurs sont **très** bons. Les musiciens sont _____

professionnels. Les décors sont _____ beaux et la chanteuse est _____ jolie.

b. Mais je n'ai pas tout aimé. Pour moi, la musique est _____ classique. L'histoire est _____ pauvre.

Le spectacle est _____ court et les billets sont _____ chers !

Vérifiez votre compréhension

5. Dites si les phrases suivantes sont vraies ou fausses ?

	VRAI	FAUX
a. L'euro est la monnaie de la France.	☐	☐
b. Les Français utilisent beaucoup la carte bancaire.	☐	☐
c. Les musées sont gratuits tous les week-ends.	☐	☐
d. Les cinémas proposent des tarifs réduits tous les jours.	☐	☐
e. On trouve dans les grandes villes des journaux quotidiens gratuits.	☐	☐

6. Lisez ce document et répondez aux questions.

1

Yaourt aromatisé
le lot de 12x125g.

1€18
Le lot

2

Tomate ronde
catégorie 1.
ORIGINE UNION EUROPÉENNE

0€99
Le filet de 1Kg

DU 21 AU 26 SEPTEMBRE

3

1€71
10 + 5 gratuits

Stylo bille BIC orange
Pointe fine - 5 bleu et noir,
3 rouge, 2 vert

4

Prix CHOC

Plats cuisinés RAYNAL & ROQUELAURE
Cassoulet ou saucisses aux lentilles, 2 x 840 g.
Soit le kg : 1,83 €

3 pour 2
Soit 6,14 € au lieu de 9,21 €
Les 3 lots
Soit le kg : 1,22 €

3€07
LE LOT

5

Les 2
2€96

le 3ème **gratuit**

VOLVIC Fruits
Fruits Rouges,
Agrumes
ou Pêche Orange
La bouteille de 150 cl à 1€48
Le litre : 0€99

6

149€
Dont 0€50 d'éco-participation
Par exemple pour ce produit
29€80
PAR MOIS

Lecteur DVD portable TOSHIBA
SDP1707
Lecture des formats : JPEG, MP3, WMA
3 heures d'autonomie sur batterie Li-ion
Adaptable sur appui-tête - Connectiques :
2 prises casque, entrée Audio/Vidéo
Accessoires fournis : sacoche, adaptateur
secteur, télécommande, allume-cigare

DVD -R/RW Lecteur   DIVX

7

LE NOUVEAU PETIT ROBERT
de la langue française
2008
60 000
nots
300 000 sens

69€50

Le Nouveau PETIT ROBERT
de la Langue Française 2008
Éditions LE ROBERT

a. Quels sont les produits utiles pour un étudiant ? _____

b. Qu'est-ce qu'on peut manger ? _____

c. Qu'est-ce qu'on peut boire ? _____

d. Avec quel produit peut-on se détendre ? _____

e. Combien coûte un pack de yaourts ? _____

f. Il y a combien de yaourts dans un pack ? _____

g. On a combien de boîtes de cassoulet pour 3,07 € ? _____

h. Quel est le prix d'un kilo de tomates ? _____

i. Quels sont les produits en promotion ? _____

j. Il y a combien de stylos dans le paquet ? _____

Qu'on est bien ici !

Vous allez apprendre à :

☑ parler de votre lieu d'habitation
☑ vous orienter
☑ situer un lieu
☑ parler du climat

Travail avec les pages Interactions

Vocabulaire

• banlieue (n.f.)	pièce (n.f.)	neuf (adj.)
cave (n.f.)	rez-de-chaussée (n.m.)	vide (adj.)
commerce (n.m.)	salle à manger (n.f.)	vieux (adj.)
couloir (n.m.)	salle de bains (n.f.)	• louer (v.)
étage (n.m.)	soleil (n.m.)	préciser (v.)
formulaire (n.m.)	studio (n.m.)	situer (v.)
immeuble (n.m.)	transport en commun (n.f.)	souhaiter (v.)
kilomètre (n.m.)	villa (n.f.)	vendre (v.)
logement (n.m.)	• calme (adj.)	• à côté
lycée (n.m.)	ensoleillé (adj.)	en face
mètre (n.m.)	équipé (adj.)	entre
offre (n.f.)	isolé (adj.)	derrière

Apprenez le vocabulaire

1. Associez l'habitation et sa définition.

a. un château   **1.** logement d'une pièce

b. une HLM   **2.** logement social à loyer modéré

c. un immeuble   **3.** grande construction des siècles passés avec un parc

d. une maison de campagne   **4.** maison avec un jardin et une piscine

e. un studio   **5.** maison de week-end pour les habitants des villes

f. une villa   **6.** habitation collective en ville

2. Écrivez le nom des différentes pièces de cette maison.

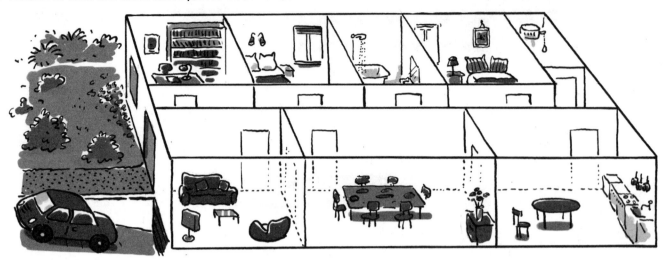

3. Regardez le plan de la maison et complétez avec « à gauche », « à droite », « sur », « sous », « en face de », « à côté de », « entre ».

a. Quand on entre dans la maison, le salon est _____ .

b. _____ , il y a un bureau.

c. Ce bureau donne _____ le jardin.

d. La salle de bains est _____ les deux chambres.

e. La salle à manger est _____ du salon.

f. Les toilettes sont _____ la cuisine.

g. Le garage est _____ le salon.

4. Trouvez le contraire.

Vous préférez :

a. la ville ou **la campagne** ?

b. le centre-ville ou _____ ?

c. un appartement ou _____ ?

d. l'ancien ou _____ ?

e. meublé ou _____ ?

f. avec cuisine équipée ou _____ ?

g. acheter ou _____ ?

5. Lisez les petites annonces et classez les différents éléments.

A

À Vendre

Belle maison. 6 pièces sur un seul niveau avec 2 salles de bains.
Garage + cave. Près du centre-ville.
450 000 €

B

À Louer

• A côté de l'Université, grand studio clair.
• Bain et toilettes séparés. 5° étage sans ascenseur.
• 550 € + charges

C

À Louer

Bel appartement dans immeuble ancien sur avenue ensoleillée.
4 pièces : salon, salle à manger, deux chambres. 3° étage.
Ascenseur.

1500 €

D

À Vendre

Antibes sur la côte dans un parc avec vue sur la mer. Villa style Art Déco sur trois étages.
12 pièces refaites à neuf. 6 chambres avec salles de bains individuelles. Cuisine équipée.
Piscine et jacuzzi. Tout confort. **Prix :** nous consulter.

	A	B	C	D
Location ou vente				
Type de logement				
Nombre de pièces				
Situation				
Caractéristiques				
Prix				

Travail avec les pages Ressources

Vocabulaire

- affaire (n.f.) _____
aide (n.f.) _____
arbre (n.m.) _____
église (n.f.) _____
est (n.m.) _____
ouest (n.m.) _____
service (n.m.) _____
sommeil (n.m.) _____
- malade (adj.) _____

technique (adj.) _____
- avoir besoin de (v.) _____
expliquer (v.) _____
falloir (il faut) (v.) _____
repartir (v.) _____
revenir (v.) _____
tourner (v.) _____
traverser (v.) _____

- à droite _____
à gauche _____
arrière _____
au bord _____
au milieu _____
avant _____
en haut _____
tout droit _____

Apprenez à situer et à vous orienter

1. Il a rangé son studio. Observez le dessin et complétez ce qu'il dit.

a. J'ai rangé mon studio. Les livres sont _____ la bibliothèque.

b. J'ai mis mon bureau _____ la fenêtre.

c. Mon ordinateur est _____ le bureau.

d. _____ de la pièce il y a ma table.

e. J'ai mis un tapis _____ la table.

f. La télévision est _____ la bibliothèque et la fenêtre.

g. Mon canapé-lit est _____ de la bibliothèque.

2. Vous êtes à Bourg-en-Bresse devant l'église Notre-Dame. Complétez l'itinéraire pour aller au monastère royal de Brou. Utilisez les verbes : *aller, continuer, traverser, visiter, tourner, arriver.*

Vous **prenez** la rue du Maréchal-Joffre.

Vous _____ la place de l'Hôtel-de-Ville.

Vous _____ jusqu'au feu.

Au feu, vous _____ à gauche.

Vous _____ tout droit.

Au deuxième feu, vous _____ à droite et vous _____ au parking du monastère.

Vous _____ le monastère.

3. Complétez les explications pour aller au service des passeports.
Utilisez les verbes : *traverser, prendre, sortir, aller, tourner.*

Pour le service des passeports, vous _____ au fond du couloir, vous _____ l'ascenseur.

Quand vous _____ de l'ascenseur, vous _____ à gauche.

Vous _____ la salle d'attente, vous _____ le couloir de droite, c'est le deuxième guichet à gauche.

Rappelez-vous

revenir – retourner – repartir – rentrer

- Ce soir, je vais à une réunion. Je **rentre** à la maison à 9 heures.

- Demain, je pars pour les États-Unis. Je **reviens** à la fin de la semaine. Mais lundi, je **repars** à l'étranger. Je vais à Tokyo.

- Je **retourne** à New York le mois prochain.

Apprenez à conjuguer

4. Complétez les conjugaisons du présent des verbes qui expriment les déplacements.

Aller (voir p. 22)

Venir : je viens ; tu _____ ; il/elle _____

nous venons ; vous _____ ; ils/elles viennent

Entrer (comme les verbes en -*er*)

Sortir : je sors ; tu _____ ; il/elle _____

nous _____ ; vous _____ ; ils/elles _____

Partir : je _____ ; tu pars ; il/elle _____

nous _____ ; vous _____ ; ils/elles _____

Arriver, rentrer, retourner (comme les verbes en -*er*)

Repartir (comme *partir*), **revenir** (comme *venir*)

Rappelez-vous

- Au passé composé, *partir, arriver, rester, aller, venir, entrer, sortir, retourner* se construisent avec **être**.

- Le participe passé s'accorde avec le sujet du verbe.
  Je suis allé(e) ; tu es venu(e) ; il est arrivé ; elle est restée ; nous sommes parti(e)s ; vous êtes venu(e)(s) ; ils sont sortis ; elles sont retournées.

---

5. Mettez les verbes à la forme qui convient.

Philippe raconte sa journée de travail

« Hier, j'ai eu une journée difficile.

a. Je (*partir*) _____ de Paris par le premier avion. Je (*arriver*) _____

à l'aéroport de Rome à 9 heures. Je (*aller*) _____ à la filiale, dans le centre-ville.

b. Nous (*aller*) _____ voir un client à son bureau, dans la banlieue de Rome. Nous (*rester*)

_____ deux heures avec lui.

c. Après ce rendez-vous, je (*revenir*) _____ en taxi au centre-ville. Je (*retourner*)

_____ à la filiale. À 18 heures, je (*repartir*) _____ pour l'aéroport.

Je (*rentrer*) _____ à Paris à 22 heures. »

6. Exprimez l'obligation. Confirmez comme dans l'exemple.

En randonnée dans la montagne

a. Dépêchons-nous !   – Il faut se dépêcher.

b. Tournons à droite !   – _____

c. Continuons !   – _____

d. Ne restons pas ici !   – _____

e. Ne traversons pas cette rivière ! – _____

f. Ne prenons pas ce chemin !   – _____

Vérifiez votre compréhension

7. Vous avez bien compris le récit de Fanny et Bertrand ?

a. Est-ce que Fanny et Bertrand ont bien dormi ? _____

b. Est-ce qu'ils peuvent prendre la route de la randonnée ? _____

c. Pourquoi ? _____

d. Est-ce que Jérôme est un bon guide ? _____

e. Est-ce qu'à la fin de la randonnée Fanny est en forme ? _____

f. Pourquoi Claudia a besoin d'aide ? _____

g. Pourquoi Bertrand a besoin d'aide ? _____

h. Fanny et Bertrand sont-ils contents de leurs vacances ? _____

Entraînement à l'oral

Vocabulaire

- avis (n.m.) _____
- chemin (n.m.) _____
- fermier (n.m.) _____
- manifestation (n.f.) _____
- panneau solaire (n.m.) _____
- protection (n.f.) _____

- large (adj.) _____
- sûr (adj.) _____
- interdit (adj.) _____
- chaud (avoir) (expr. verb.) _____
- faim (avoir) (expr. verb.) _____
- froid (avoir) (expr. verb.) _____

- soif (avoir) (expr. verb.) _____
- appeler (v.) _____
- installer (v.) _____
- s'asseoir (v.) _____
- rien _____

Prononcez

1. **⊙ 32** « s » ou « z » ? Écoutez et cochez.

	[s]	[z]			[s]	[z]
a.	☐	☐		**d.**	☐	☐
b.	☐	☐		**e.**	☐	☐
c.	☐	☐				

2. ⏱ 33 « a » [a] ou « an » [ã] ? Écoutez et cochez.

	[a]	[ã]			[a]	[ã]
a.	☐	☐		**e.**	☐	☐
b.	☐	☐		**f.**	☐	☐
c.	☐	☐		**g.**	☐	☐
d.	☐	☐		**h.**	☐	☐

Vérifiez votre compréhension

3. ⏱ 34 Écoutez : Masculin ou féminin ?

	Masculin	Féminin			Masculin	Féminin
a.	☐	☐		**h.**	☐	☐
b.	☐	☐		**i.**	☐	☐
c.	☐	☐		**j.**	☐	☐
d.	☐	☐		**k.**	☐	☐
e.	☐	☐		**l.**	☐	☐
f.	☐	☐		**m.**	☐	☐
g.	☐	☐				

4. ⏱ 35 Écoutez et notez l'itinéraire sur le plan.

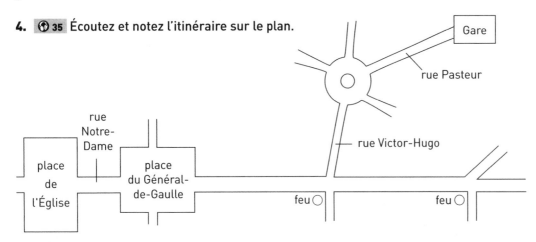

5. ⏱ 36 Écoutez et regardez le dessin. Dites si les phrases sont vraies ou fausses.

	VRAI	FAUX
a. Le château-hôtel est au milieu du parc.	☐	☐
b. Autour, il y a de l'eau.	☐	☐
c. Le parking est devant le parc du château.	☐	☐
d. La piscine est devant l'hôtel.	☐	☐

	VRAI	FAUX
e. Le tennis est à côté de la route.	☐	☐
f. Le parcours de forme est au bord de la forêt.	☐	☐
g. La terrasse est entre l'hôtel et la piscine.	☐	☐

Pages Écrits et Civilisation

Vocabulaire

• aéronautique (n.f.) _____	neige (n.f.) _____	doux (adj.) _____
automne (n.m.) _____	peinture (n.f.) _____	individuel (adj.) _____
dessinateur (n.m.) _____	pluie (n.f.) _____	libre (adj.) _____
documentation (n.f.) _____	printemps (n.m.) _____	mauvais (adj.) _____
éditeur (n.m.) _____	propriétaire (n.m./f.) _____	surpris (adj.) _____
entreprise (n.f.) _____	temps (n.m.) _____	• neiger (v.) _____
été (n.m.) _____	vie (n.f.) _____	pleuvoir (v.) _____
étude (n.f.) _____	zéro (n.m.) _____	recommencer (v.) _____
hiver (n.m.) _____	• amateur (adj.) _____	vivre (v.) _____

1. Écrivez ce qui est interdit.

Il ne faut pas :

a. _____   **d.** _____

b. _____   **e.** _____

c. _____   **f.** _____

a

b

c

d

e

f

Préparation au DELF A1

• Compréhension orale

🕐 **37** Écoutez et notez.

A.

Nom de la carte : _____

_____

Service rendu : _____

_____

Conditions d'accès : _____

_____

Avantages : _____

_____

B.

Nom de la carte : _____

_____

Service rendu : _____

_____

Prix et durée : _____

_____

C.

Nom de la carte : _____

_____

Service rendu : _____

_____

Avantages : _____

_____

• Production orale

Entretien dirigé

Voici les réponses, trouvez les questions.

a. _____ ?

– Je travaille tous les jours, le matin et l'après-midi ; le week-end, je m'occupe de ma famille.

b. _____ ? – Je me lève à 6h30.

c. _____ ? – Je vais au travail en tram.

d. _____ ? – Je mets une demi-heure.

e. _____ ? – Je déjeune à la cantine.

f. _____ ?

– Après le travail, je rentre chez moi et je m'occupe de mes enfants.

g. _____ ? – Je ne fais pas de musique, je fais du sport.

h. _____ ? – Je fais du jogging.

i. _____ ?

– Je vais me coucher vers 22h30, après le programme de télévision.

Échange d'informations

Voici les informations que vous recevez de la part du professeur.
Écrivez les mots trouvés sur le post-it pour orienter l'échange.
« J'aime voyager, en Europe et en Amérique du Sud, lire, je lis
beaucoup de romans policiers, écouter de la musique, surtout du jazz.
Je vais souvent au cinéma. Je fais aussi un peu de sport. Et puis j'aime
bien mon métier de professeur. »

• Compréhension écrite

Lisez les documents. Pour chaque document, notez :

	A	B	C
Pays de destination			
Durée du séjour			
Prix du séjour			
Moyen de réservation			

VISITEZ LE CAMBODGE

Vous ne connaissez pas le Cambodge ?

Avec *Voyages Découvertes*

• Les temples d'Angkor • Pnom Penh
• Le Mékong

10 jours – séjour hôtel*** – voyage avion

AR

2 500 €

Départ avant le 30 juin

www.voyagedecouverte.com

PRINTEMPS À MADÈRE

*Sur les traces
de Sissi Impératrice...*

Une semaine
Hôtel – voiture – avion compris
800 €

Agence *Travel*tour
01 74 72 74 72

WEEK-END À LONDRES

La ville de **tous les mondes**

200 €
→ en Eurostar classe standard
→ Deux nuits au centre
de Londres
→ Le breakfast : l'original

Réservation :
wwww. Hellovoyages.com

• Production écrite

1. Votre ami habite à Avignon, boulevard Raspail.
Vous lui donnez rendez-vous place de la Principale.
Indiquez-lui le parcours.

2. Vous cherchez une petite maison avec un jardin.
Complétez la lettre à l'aide des informations
ci-dessous.

vacances d'été – Bretagne – un mois en août –
bord de mer – un séjour, deux chambres, cuisine,
salle de bains, WC séparé – avec un garage.

Bretagne Immobilière vacances
5, rue du Parlement
35000 RENNES

Madame, Monsieur,

Je _____ mes vacances _____ . Je _____

une _____ maison _____ . J' _____

également _____ .

Merci de _____ .

Avec mes meilleures salutations.

Souvenez-vous

Vous allez apprendre à :

☑ demander et donner des renseignements biographiques
☑ présenter votre famille et vos amis
☑ raconter un souvenir

Travail avec les pages Interactions

Vocabulaire

• adolescent (n.m.)	guide (n.m.)	• âgé (adj.)
adulte (n.m./f.)	jeunesse (n.f.)	amusant (adj.)
album (n.m.)	mathématiques (n.f.pl.)	heureux (adj.)
BD (bande dessinée) (n.f.)	naissance (n.f.)	mort (adj.)
collège (n.m.)	page (n.f.)	• danser (v.)
concours (n.m.)	placard (n.m.)	dessiner (v.)
dame (n.f.)	plan (n.m.)	mourir (v.)
élève (n.m./f.)	poche (n.f.)	remplir (v.)
époque (n.f.)	senior (n.m.)	se rappeler (v.)
grand-mère (n.f.)	toit (n.m.)	se souvenir (v.)

Vérifiez votre compréhension du document

1. Relisez « l'album des souvenirs » (p. 86-87) et retrouvez le moment, l'âge, l'époque ou la saison qui correspond à chacun de ces souvenirs.

a. On faisait du vélo et du skate : j'avais dix ans (l'enfance)

b. Je suis parti au Pérou : _____

c. Je mangeais des bonbons Tagada : _____

d. J'ai eu une Renault 5 : _____

e. On jouait dans la cour. On lisait des BD : _____

f. Tout un été on a dansé : _____

g. L'école a participé à un concours national : _____

Apprenez le vocabulaire

2. Classez :

• du plus petit au plus grand

a. une journée   **d.** une heure   **g.** une minute

b. une génération   **e.** une saison   **h.** un siècle

c. une seconde   **f.** une année   **i.** un mois

• du plus jeune au plus âgé

a. un jeune

b. une personne âgée

c. un bébé

d. un vieux

e. un adolescent

f. un senior

g. un adulte

h. un enfant

i. un préadolescent

3. Mettez dans l'ordre ces moments de la vie.

a. Elle est entrée au lycée.

b. Ils se sont mariés.

c. Elle est morte à 90 ans.

d. Ils ont eu trois enfants.

e. Elle est allée à l'école.

f. Elle est née.

g. Elle a rencontré Julien.

4. Trouvez le nom.

a. mourir   → **la mort**

b. naître   → _____

c. se souvenir → _____

d. âgé   → _____

e. heureux → _____

f. malade → _____

g. fatigué → _____

Travail avec les pages Ressources

Vocabulaire

• depuis _____ pendant _____

Apprenez la conjugaison

Rappelez-vous

■ **Formation de l'imparfait :** à partir de la personne « nous » du présent.
aller → nous **all**ons → imparfait : j'**all**ais, tu all**ais**, il/elle all**ait**, nous all**ions**,
vous all**iez**, ils/elles all**aient**

■ **Emploi de l'imparfait**
→ **Expression des souvenirs.** *Quand il avait 12 ans, il allait au collège Jules-Verne.*
→ **Dans le récit avec le passé composé.** Le passé composé exprime les actions
principales. L'imparfait exprime les actions secondaires, les descriptions,
les commentaires.
Pour faire la randonnée, nous avons mis 6 heures. Il faisait chaud.
Nous étions fatigués. Nous sommes arrivés à 9 heures. Le soleil se couchait.

1. Trouvez les formes de l'imparfait.

Verbes	Présent, 1ʳᵉ personne du pluriel (nous)	Imparfait
parler	nous	je
apprendre	nous	tu
venir	nous	il/elle
être	nous	nous
avoir	nous	vous
dire	nous	ils/elles
boire	nous	je
attendre	nous	il/elle

2. Conjuguez les verbes à l'imparfait et aux formes suivantes :

a. faire   je _____   nous _____   ils _____

b. aller   tu _____   vous _____   elles _____

c. connaître   tu _____   ils _____   nous _____

d. prendre   il _____   nous _____   elles _____

e. étudier   j' _____   nous _____   vous _____

3. Mettez les verbes à l'imparfait.

Souvenirs des années 1990

a. François Mitterrand puis Jacques Chirac (*être*) _____ _____ présidents.

b. Nous (*écouter*) _____ de la musique techno et du rap.

c. On (*aller*) _____ voir les films de Luc Besson.

d. Je (*lire*) _____ les romans d'Amélie Nothomb.

e. Nous (*partir*) _____ en vacances au Mexique.

f. Les jeunes (*vouloir*) _____ parler en verlan.

g. On (*découvrir*) _____ Internet.

h. Les banlieues (*avoir*) _____ « la haine ».

i. Le climat (*devenir*) _____ un problème.

j. Nous (*être*) _____ la génération stagiaire.

4. Complétez les souvenirs comme dans l'exemple.

a. Aujourd'hui, on écoute du rap. **Avant, on écoutait** du rock.

b. Aujourd'hui, on voyage en avion. _____ en bateau.

c. Aujourd'hui, on fait du surf. _____ du ski.

d. Aujourd'hui, on danse sur de la techno. _____ sur de la disco.

e. Aujourd'hui, on va aux Seychelles. _____ chez les cousins de Bretagne.

5. Lisez les réponses. Posez les questions. Utilisez « depuis quand », « depuis combien de temps », « il y a / ça fait combien de temps »...

Interview d'un écrivain

a. _____ ? – J'écris depuis l'âge de 16 ans.

b. _____ ? – Il y a 5 ans que je travaille pour les éditions Colibri.

c. _____ ? – Je n'ai pas écrit de roman depuis 2 ans.

d. _____ ? – J'ai commencé ce roman le 1er janvier.

e. _____ ? – Ça fait un mois que je ne suis pas sorti.

6. « Depuis » ou « il y a » ?

a. Ivan est revenu de Buenos Aires _____ deux mois.

b. _____ son retour, il travaille pour une entreprise d'import-export.

c. _____ trois semaines, il m'a téléphoné, il cherchait un colocataire.

d. _____ cette semaine, nous partageons le même appartement.

7. Mettez les verbes entre parenthèses au passé composé ou à l'imparfait.

a. L'année dernière, nous (*aller*) _____ en Turquie. C'(*être*) _____ au mois de mars.

b. Il n'y (*avoir*) _____ pas beaucoup de touristes. Nous (*être*) _____ tranquilles.

c. Nous (*louer*) _____ une voiture. Elle (*marcher*) _____ très bien.

d. Nous (*visiter*) _____ la Cappadoce. Il (*faire*) _____ très beau. J'(*aimer beaucoup*) _____ cette région.

e. Nous (*rester*) _____ deux jours à Bodrum. Mon ami (*avoir envie*) _____ de se reposer.

Vérifiez votre compréhension

8. Répondez à ces questions sur l'histoire « Mon oncle de Bretagne ».

a. D'où vient François Dantec ? _____

b. Depuis combien d'années est-il en Nouvelle-Calédonie ? _____

c. Que fait-il en Nouvelle-Calédonie ? _____

d. Pourquoi est-il venu en Nouvelle-Calédonie ? _____

e. Que faisait le père de François Dantec ? _____

f. Comment s'appelle la fille de François ? _____

g. Quel examen a-t-elle passé ? _____

🎧 Entraînement à l'oral

Vocabulaire

• accident (n.m.)	mastère (n.m.)	stupide (adj.)
anniversaire (n.m.)	mec (n.m.)	• exporter (v.)
cousin (n.m.)	oncle (n.m.)	quitter (v.)
crevette (n.f.)	production (n.f.)	reconnaître (v.)
désert (n.m.)	recherche (n.f.)	ressembler (v.)
dispute (n.f.)	réussite (n.f.)	réussir (v.)
écologie (n.f.)	roi (n.m.)	se fâcher (v.)
facteur (n.m.)	tante (n.f.)	se marier (v.)
faculté (fac) (n.f.)	• compliqué (adj.)	• donc
grand-père (n.m.)	drôle (adj.)	longtemps
licence (n.f.)	gros (adj.)	

Prononcez

1. 🎧 38 Écoutez et répétez le son [j].

a. J'ai pris mon inscription comme étudiante à Lyon.

b. Il est musicien, il s'appelle Julien, il joue à Liège.

c. Il chantait : « c'est un vieux roman, c'est une vieille histoire... »

d. Hier je ne travaillais pas, j'ai vu l'exposition de Juliette.

e. J'ai payé ton billet pour Bayonne.

Vérifiez votre compréhension

2. 🎧 39 Écoutez les phrases : notez le temps du verbe.

	présent	imparfait	passé composé
a.			
b.			
c.			
d.			
e.			

	présent	imparfait	passé composé
f.			
g.			
h.			
i.			
j.			

Parlez

3. 🔊 **40** **Répondez aux questions sur votre enfance.**

a. Quand vous étiez enfant, vous regardiez beaucoup la télévision ?

– **Oui, je regardais beaucoup la télévision. / Non, je ne regardais pas beaucoup la télévision.**

b. Vous alliez à l'école à pied ? – _____

c. Vous étiez bon élève ? – _____

d. Vous aviez de bons professeurs ? – _____

e. Vous faisiez du sport ? – _____

f. Vous aimiez les jeux vidéo ? – _____

Pages Écrits et Civilisation

Vocabulaire

• agent (n.m.)	déception (n.f.)	• divorcer (v.)
beau-frère (n.m.)	espoir (n.m.)	réaliser (v.)
beau-père (n.m.)	fils (n.m.)	retrouver (v.)
belle-mère (n.f.)	inconnu (n.m.)	se séparer (v.)
belle-sœur (n.f.)	neveu (n.m.)	signer (v.)
coiffeur (n.m.)	nièce (n.f.)	tomber (v.)
compagnon (n.m.)	petite-fille (n.f.)	• heureusement
contrat (n.m.)	petit-fils (n.m.)	par hasard
coup de foudre (n.m.)	• amoureux (adj.)	
couple (n.m.)	religieux (adj.)	

Apprenez le vocabulaire

1. Trouvez le membre de la famille.

a. le frère de mon père → **mon oncle**

b. le père de ma mère → _____

c. la sœur de ma mère → _____

d. le fils de mon fils → _____

e. le mari de ma sœur → _____

f. la fille de mon oncle et de ma tante → _____

g. le fils de ma sœur → _____

h. le frère de mon mari → _____

2. Complétez l'arbre généalogique avec les informations suivantes :

Galia et Yann ont un seul fils.

Fabien a trois enfants.

Aliette est la belle-fille de François.

Juliette est la grand-mère de Martial.

Galia est la belle-sœur de Christian.

Ariel, Daniel, Asia, Martial sont les neveux de Christian.

Martial est le cousin d'Asia.

Ariel est le neveu de Yann.

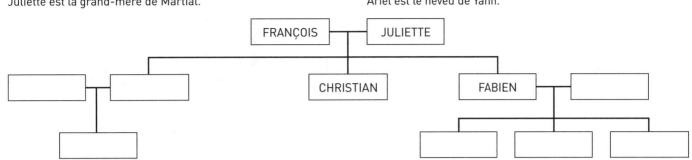

3. Posez la question et donnez la réponse.

a. (*se rencontrer*) **Ils se sont rencontrés quand ? Ils se sont rencontrés** il y a un an.

b. (*se connaître*) _____ ? _____ au Festival.

c. (*se marier*) _____ ? _____ après le spectacle.

d. (*se fâcher*) _____ ? _____ pendant le voyage.

e. (*s'expliquer*) _____ ? _____ au restaurant.

f. (*se retrouver*) _____ ? _____ au milieu de la nuit.

Vérifiez votre compréhension

4. Relisez le document de la page 92. Dites si les phrases suivantes sont vraies ou fausses.

	VRAI	FAUX
Changement d'adresse		
a. C'est l'histoire d'un musicien qui partage un appartement avec une amie musicienne.	☐	☐
b. Au début de l'histoire, ils ne sont pas amoureux l'un de l'autre.	☐	☐
Les Enfants		
c. C'est l'histoire de deux personnes qui ont vécu une séparation.	☐	☐
d. À eux deux, ils ont cinq enfants.	☐	☐
e. Ils tombent amoureux l'un de l'autre.	☐	☐
Une vie à t'attendre		
f. C'est l'histoire de deux personnes qui se sont aimées il y a longtemps.	☐	☐
g. Ils réussissent à se retrouver.	☐	☐

Écrivez

5. Biographie. Avec les éléments ci-dessous, rédigez une courte biographie de Cyril R.

23 décembre 1973 : naissance

1991 : baccalauréat (réussir)

1991-1994 : études de philosophie et de commerce international (suivre)

1995 : licence de commerce international (obtenir)

1996-2000 : travail en Afrique (Côte d'Ivoire, Guinée, Djibouti)

2000-2003 : consultant dans une banque internationale à Londres (devenir)

2007 : nommé conseiller commercial en Allemagne

On s'appelle ?

Vous allez apprendre à :

☑ parler des moyens de communication (Internet, etc.)
☑ téléphoner
☑ écrire des petits messages amicaux
☑ utiliser les pronoms

Travail avec les pages Interactions

Vocabulaire

• achat (n.m.)	• accro (adj.)	offrir (v.)
blog (n.m.)	dangereux (adj.)	prêter (v.)
boîte (n.f.)	électronique (adj.)	recevoir (v.)
contrat (n.m.)	facile (adj.)	répondre (v.)
courriel (n.m.)	• allumer (v.)	télécharger (v.)
courrier (n.m.)	connecter (v.)	téléphoner (v.)
document (n.m.)	créer (v.)	tenir (v.)
enveloppe (n.f.)	dialoguer (v.)	• fois
information (n.f.)	donner (v.)	jamais
lettre (n.f.)	enregistrer (v.)	quelquefois
technologie (n.f.)	envoyer (v.)	
timbre (n.m.)	imprimer (v.)	

Apprenez le vocabulaire

1. Trouvez le nom correspondant au verbe.

Tout ce qu'on peut faire sur Internet

a. créer   →   une création

b. imprimer   →

c. jouer   →

d. envoyer   →

e. chercher   →

f. participer   →

g. enregistrer   →

h. télécharger   →

i. dialoguer   →

j. acheter   →

2. Associez (il y a plusieurs réponses).

                    1. un blog

                    2. des t'chats

a. envoyer   **3.** des SMS

b. télécharger   **4.** des informations

c. chercher   **5.** des films

d. tenir   **6.** un message

e. participer à   **7.** des chansons

                    8. des forums

                    9. des photos

3. Complétez avec « toujours / ne ... jamais », « quelquefois, de temps en temps / souvent ».

Léo et Marco sont différents : continuez selon le modèle.

a. Léo utilise **toujours** son téléphone portable.

Marco **n'**utilise **jamais** son téléphone portable.

b. Léo va souvent au cinéma.

Marco _____

c. Léo regarde de temps en temps la télévision.

Marco _____

d. Léo déjeune toujours à midi.

Marco _____

e. Léo arrive souvent en retard.

Marco _____

4. Indiquez les verbes qui expriment une répétition (R).

a. Il a revu le film *Taxi*. **(R)**

b. Elle a recherché des informations sur Internet. _____

c. Il a réécouté un vieux disque des Doors. _____

d. Elle a reconnu dans la rue une ancienne amie de lycée. _____

e. Au dîner, il a repris du poulet rôti. _____

f. Après le divorce, elle a repris ses meubles. _____

g. Ils ont rejoué *Cyrano de Bergerac*. _____

5. Complétez avec les prépositions « à » et « de » quand c'est nécessaire.

a. J'ai prêté ma voiture **à** Marie.

b. Il a écrit une lettre _____ ses parents.

c. Paul raconte _____ une histoire amusante.

d. Marie a montré ses photos de vacances _____ ses amis.

e. J'ai reçu un message _____ Marie.

f. J'ai répondu _____ Marie tout de suite.

g. Lucas a envoyé une carte postale _____ Toulouse _____ Mélissa.

Travail avec les pages Ressources

Vocabulaire

• assistant (n.m.) _____   • remercier (v.) _____   • tout le monde _____

Utiliser les pronoms

Rappelez-vous

■ Pour éviter de répéter les noms, on utilise **des pronoms**.

■ Vous connaissez maintenant les pronoms utilisés pour représenter :
– **le sujet du verbe** : *je, tu, il/elle, nous, vous, ils/elles*
– **le complément direct du verbe** : *me, te, le/la, nous, vous, les*
*Il n'aime pas **la télé**. Il ne **la** regarde jamais. (Il ne regarde jamais la télé)*
– **le complément après « à »** : *me, te, lui, nous, vous, leur*
*Pierre est au Brésil. Il **m**'a écrit. Je **lui** ai répondu. (J'ai répondu à Pierre)*
– **le complément après une préposition autre que « à » et « de »** (avec, pour, sans, à côté de, etc.) : *moi, toi, lui/elle, nous, vous, eux/elles*
*Mes amis ont un appartement à Paris. Je loge chez **eux**.*

1. Observez les phrases : que représentent les mots soulignés ?

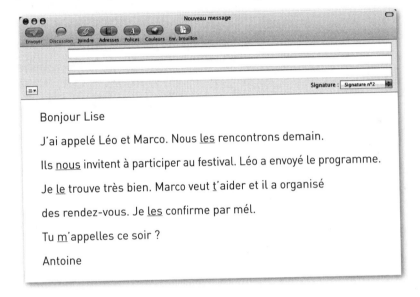

Bonjour Lise

J'ai appelé Léo et Marco. Nous <u>les</u> rencontrons demain.

Ils <u>nous</u> invitent à participer au festival. Léo a envoyé le programme.

Je <u>le</u> trouve très bien. Marco veut <u>t</u>'aider et il a organisé

des rendez-vous. Je <u>les</u> confirme par mél.

Tu <u>m</u>'appelles ce soir ?

Antoine

a. les : _____ – **b.** nous : _____ – **c.** le : _____ – **d.** t' _____ – **e.** les _____ – **f.** m' : _____

2. Préparez vos réponses au professeur de français. Répondez « oui ». Puis, répondez « non ».

a. Tu comprends l'explication ? – **Oui, je la comprends. / Non, je ne la comprends pas.**

b. Tu as ton livre ? _____

c. Tu travailles avec Marco ? _____

d. Tu travailles avec Maria ? _____

e. Tu parles français aux stagiaires ? _____

f. Tu as fait le travail ? _____

g. Tu as fait les exercices ? _____

h. Tu as compris le texte ? _____

3. Trouvez les réponses.

a. Vous faites les exercices ?   – Oui, **je les fais.**

b. Vous faites le stage ?   – Oui, _____

c. Tu prends l'inscription ?   – Oui, _____

d. Elle a les horaires ?   – Oui, _____

e. Vous connaissez les animatrices ? – Oui, _____

f. Ils traduisent les conférences ?   – Oui, _____

4. Remplacez les mots soulignés par un pronom.

Un metteur en scène à un journaliste :

« Je suis très proche des comédiens. Je _____ parle beaucoup. Quand un artiste a des difficultés, il peut _____

parler. Je _____ donne des conseils.

Il faut aussi savoir être dur. Avant une journée importante avec des scènes difficiles, je _____ demande de bien se reposer.

Je demande aux techniciens de _____ laisser tranquilles. »

5. Complétez le dialogue avec les pronoms compléments et le passé composé.

La secrétaire de l'agence immobilière et le client

a. Vous avez reçu notre catalogue ? – Oui, _____

b. Vous avez vu nos nouveaux appartements à vendre ? – Non, _____

c. Vous avez téléphoné à l'agent immobilier pour le rendez-vous ?– Oui, _____

d. Vous avez l'adresse ? – Oui, _____

e. Vous avez parlé au propriétaire ? – Non, _____

Vérifiez votre compréhension

6. Répondez à ces questions sur l'histoire « Mon oncle de Bretagne ».

a. Qu'est-ce que Camille a fait depuis le mois de septembre ? _____

b. Est-ce qu'elle s'est inscrite à l'université ? _____

c. Est-ce qu'elle est allée à Saint-Malo ? _____

d. Est-ce qu'elle a vu son oncle Patrick ? _____

e. Qui a-t-elle vu ? _____

f. Où est Patrick Dantec ? _____

g. Depuis combien de temps ? _____

🎧 Entraînement à l'oral

Vocabulaire

• conseil (n.m.) _____	tort (avoir) (n.m.) _____	vrai (adj.) _____
faute (n.f.) _____	• complet (adj.) _____	• croire (v.) _____
infirmière (n.f.) _____	faux (adj.) _____	• attention _____
numéro (n.m.) _____	impossible (adj.) _____	totalement _____
porte (n.f.) _____	possible (adj.) _____	
science (n.f.) _____	régional (adj.) _____	

Prononcez

1. 🎧 **41** Écoutez et distinguez « ch » [ʃ] et » j » [ʒ].

	[ʃ]	[ʒ]
a.		
b.		
c.		

	[ʃ]	[ʒ]
d.		
e.		

2. 🎧 **42** Différenciez (s), (z), (ch), (j). Répétez et confirmez comme dans l'exemple.

a. C'est international ? – **C'est très international.**

b. C'est classique ?

c. C'est joli et charmant ?

d. C'est intéressant ?

e. C'est étrange ?

f. C'est attachant ?

Parlez

3. 🎧 **43** Les pronoms compléments directs. Répondez selon vos habitudes.

a. Vous regardez la télévision ? – **Oui, je la regarde.** / – **Non, je ne la regarde pas.**

b. Vous utilisez l'ordinateur ?

c. Vous lisez les journaux français ?

d. Vous connaissez les romans de Balzac ?

e. Vous écoutez la radio en français ?

f. Vous aimez la cuisine française ?

g. Vous aimez les films français ?

4. 🎧 **44** Les pronoms compléments indirects. Répondez selon vos habitudes.

Quelles sont vos habitudes en vacances ?

a. Vous écrivez à vos amis ? – **Oui, je leur écris.** / – **Non, je ne leur écris pas.**

b. Vous envoyez des courriels à vos amis ?

c. Vos amis vous répondent ?

d. Vous écrivez à votre directeur ?

e. Vous téléphonez à votre ami(e) ?

f. Vous faites des cadeaux à vos amis ?

g. Vous parlez aux autres touristes ?

Vérifiez votre compréhension

5. 🎧 **45** Écoutez. Ils s'excusent. Trouvez le dessin correspondant.

Pages Écrits et Civilisation

Vocabulaire

• cérémonie (n.f.) _____	vœu (n.m.) _____	essayer (v.) _____
début (n.m.) _____	• enchanté (adj.) _____	féliciter (v.) _____
interlocuteur (n.m.) _____	informel (adj.) _____	prier (v.) _____
main (n.f.) _____	joyeux (adj.) _____	regretter (v.) _____
mairie (n.f.) _____	• accepter (v.) _____	serrer (v.) _____
présentation (n.f.) _____	adresser (v.) _____	tutoyer (v.) _____
situation (n.f.) _____	embrasser (v.) _____	vouvoyer (v.) _____
thèse (n.f.) _____	espérer(v.) _____	• au lieu de _____

Apprenez le vocabulaire

1. Reliez chaque phrase à une situation.

a. Je le regrette.

b. Je te félicite !

c. Je l'espère.

d. Essaie une autre fois.

e. Je vous embrasse.

f. Je vous en prie.

g. On se dit « tu » ?

1. Julien a réussi à un examen.

2. À un vieux monsieur, au moment d'entrer dans l'ascenseur.

3. Ils ont fait connaissance. Ils s'aiment bien.

4. Lucas n'a pas réussi à bien chanter une chanson.

5. À la fin d'une lettre adressée à ses parents.

6. Hier soir, il est tombé amoureux. Il lui dit qu'il a envie de la revoir.

7. Il n'est pas allé voir *Carmen* à l'opéra. Dommage, c'était un excellent spectacle.

2. Complétez les phrases avec les mots de la liste.

au lieu de – donc – justement – plutôt – presque

Un paresseux

a. Tu dois chercher du travail _____ passer tes journées au café.

b. _____ le journal *La Gazette* cherche un dessinateur.

c. Je connais le directeur. Je l'ai _____ appelé.

d. Tu es _____ intéressé par la photo, je sais.

e. Mais tes dessins sont _____ aussi bons que tes photos.

Vérifiez votre compréhension

3. Reliez chaque phrase à une situation.

a. Salut, tu viens ?

b. Le directeur vous attend.

c. Tu nous rejoins ce week-end ?

d. Pierre, tu pars au Brésil la semaine prochaine ?

e. Vous connaissez le directeur du musée ?

1. avec un supérieur dans l'entreprise

2. entre amis

3. entre copains

4. dans une situation professionnelle formelle

5. entre collègues au bureau

4. Lisez ces documents et complétez le tableau.

Type de message (courriel, carte postale, etc.)	Qui écrit à qui ?	À quelle occasion ?	S'agit-il d'une invitation, d'un remerciement, d'excuses ?
a. un courriel	un copain à ses amis	l'anniversaire du jeune	une invitation
b.			
c.			
d.			
e.			
f.			

a

Salut,

Samedi, ça se passe à La Loco.

C'est mon anniversaire.

Je vous attends toutes et tous.

b

Clément et Clélia
vous remercient
pour vos témoignages d'affection
à l'occasion de leur mariage

c

Bonjour,

Bien rentrée... le séjour a été merveilleux.

J'ai été très heureuse d'être avec vous.

Bonne continuation.

Camille

Claude et Clément Mosselin

46 rue de la Victoire

3 4 0 0 0 MONTPELLIER

d

Pas pu être là pour t'accueillir.

Désolé.

Fais comme chez toi.

Kevin

e

À l'occasion de la Fête nationale

L'ambassadeur de France et Madame

prie Monsieur Patrick Dantec

de bien vouloir assister à la cérémonie

qui aura lieu le 14 juillet à partir de 11 h

Palais Farnese   Rome

f

Bonjour Éric,

Je ne pourrai pas assister à la première de ton film.

Je le regrette beaucoup.

Bonne chance.

Je t'embrasse.

François

Un bon conseil !

Vous allez apprendre à :

☑ exposer un problème personnel (problème de relation, de santé, etc.)

☑ donner des conseils à quelqu'un qui a un problème

☑ téléphoner pour prendre un rendez-vous ou donner une information simple

☑ faire face à des situations d'urgence

Travail avec les pages Interactions

Vocabulaire

• chef (n.m.)	paquet (n.m.)	exposer (v.)
cigarette (n.f.)	patch (n.m.)	fumer (v.)
compte (n.m.)	publicité (n.f.)	guérir (v.)
conseiller (n.m.)	tabac (n.m.)	marcher (v.)
estomac (n.m.)	trac (n.m.)	présenter (v.)
informaticien (n.m.)	truc (n.m.)	refuser (v.)
magazine (n.m.)	• inutile (adj.)	se sentir (v.)
maladie (n.f.)	nerveux (adj.)	suivre (v.)
médecine (n.f.)	timide (adj.)	tousser (v.)
méthode (n.f.)	• choisir (v.)	

Apprenez le vocabulaire

1. Trouvez le contraire.

a. Pierre est calme. Marie est **nerveuse**.

b. Cet exercice est difficile. Ce test est _____ .

c. Pierre parle à tout le monde. Marie est _____ .

d. Ce travail est utile. Cet exercice est _____ .

e. Son histoire est vraie. Cette information est _____ .

f. Arriver à 10 h, c'est possible. Arriver à 9 h, c'est _____ .

2. Complétez les phrases.

a. Il est allé à la banque. Il a mis 1000 € sur son _____ .

b. C'est un gros fumeur. Il fume deux _____ de cigarettes par jour.

c. Avant d'entrer en scène, l'acteur a le _____ .

d. Je vais au bureau à pied. J'aime _____ sur le boulevard.

e. Paul était malade. Il est resté deux jours au lit. Maintenant, ça va mieux. Il est _____ .

f. Pour aller à la cathédrale, il faut _____ les panneaux.

Vérifiez votre compréhension

3. Lisez le document p. 102 et 103. De qui parle-t-on dans les phrases suivantes ?

a. Chez elle, c'est le chef. Il est toujours derrière elle : **le chien d'Odile.**

b. Ils ont un fils bizarre : _____ .

c. Elle n'a pas d'argent mais on la voit toujours dans les magasins : _____ .

d. Il a peur de parler devant les gens : _____ .

e. Il ne réussit pas à s'arrêter : _____ .

4. Reliez les conseils et les situations.

a. J'ai peur, je tousse et je suis fatigué.

b. Mon chien veut me suivre partout.

c. Je suis timide, je n'aime pas parler en public.

d. Quand je vois une publicité, je vais acheter le produit.

e. C'est notre fils, il se sent très bien chez papa-maman. Nous ne pouvons pas le mettre à la porte.

1. Je vous propose une solution : ne prenez pas d'argent, pas de carte de crédit.

2. Un conseil : respirez profondément.

3. À mon avis, vous devez le laisser seul.

4. Il faut l'aider à trouver un studio en ville.

5. Je vous conseille d'arrêter de fumer progressivement.

5. À quelle situation correspond chaque conseil ?

a. Je vous conseille de réserver une chambre d'hôtel, c'est un congrès important. _____

b. Un conseil : visitez le château. Il est magnifique. _____

c. Journaliste ?.... À mon avis, il n'y a pas beaucoup de possibilités. _____

d. Je vous propose une solution : payez-moi la moitié maintenant, l'autre moitié dans un mois. _____

e. Faites attention à la neige ! _____

1. Il fait un voyage touristique.

2. Elle cherche du travail.

3. Ils vont prendre la route et écoutent la météo.

4. Elle va faire un voyage professionnel.

5. Il n'a pas beaucoup d'argent sur son compte.

Travail avec les pages Ressources

Vocabulaire

- coureur (n.m.) _____
- pont (n.m.) _____
- monter (v.) _____
- s'entraîner (v.) _____
- déjà _____
- en train de _____

Apprenez les conjugaisons

1. Complétez la conjugaison des verbes en « -yer ».

payer	essayer	envoyer
je paie	j'_____	j'envoie
tu _____	tu _____	tu _____
il/elle _____	il/elle _____	il/elle _____
nous payons	nous _____	nous _____
vous _____	vous _____	vous _____
ils/elles _____	ils/elles _____	ils/elles envoient

Avant, pendant, après l'action

Rappelez-vous

- ■ **Avant l'action**
  Il **n'a pas encore** dîné. *(l'action n'est pas faite)*
  Il **va** dîner. *(futur proche : aller + verbe à l'infinitif)*

- ■ **Pendant l'action**
  Il **commence à** dîner.
  Il **est en train de** dîner. *(présent progressif : être en train de + verbe à l'infinitif)*
  Le téléphone a sonné mais il **continue à (de)** dîner.
  Il **s'arrête de** dîner.

- ■ **Après l'action**
  Il **a fini de** dîner.
  Il **vient de** dîner. *(passé récent : venir de + verbe à l'infinitif)*

2. Voici les verbes, trouvez le nom.

a. débuter : **le début**

c. arrêter : _____

e. finir : _____

b. commencer : _____

d. continuer : _____

f. reprendre : _____

3. Lisez ce qu'elle a fait et répondez.

Aller chez le dentiste
✓ Écrire aux services techniques
Appeler Paul
✓ Inviter Claudia et Jérôme
Lire le courrier
✓ Répondre à la lettre de Sylvie
Faire les courses
✓ Prendre de l'essence

a. Tu es allé chez le dentiste ? – **Non, je ne suis pas encore allée chez le dentiste.**

b. Il faut écrire aux services techniques ! – **J'ai déjà écrit aux services techniques.**

c. Tu as appelé Paul ? _____

d. Il faut inviter Claudia et Jérôme. _____

e. Tu as lu le courrier ? _____

f. Il faut répondre à Sylvie. _____

g. Tu as fait les courses ? _____

h. Il faut prendre de l'essence. _____

4. Complétez avec « commencer à... », « continuer à... », « s'arrêter de... ».

a. André a 80 ans mais il est en pleine forme. Il _____ faire de la natation. Il _____

le golf il y a 5 ans. Il vient juste d'_____ faire du ski.

b. Daniel fume beaucoup ; il _____ fumer à 13 ans. Aujourd'hui, il a 40 ans, il veut _____ fumer.

c. Tanguy a 28 ans, il _____ habiter chez ses parents.

d. Nicolas _____ voyager seul à 18 ans.

e. Pierre travaille, mais il _____ étudier. Cette année, il _____ préparer son doctorat.

5. Faites trois phrases. Dites ce qu'ils viennent de faire, ce qu'ils sont en train de faire, ce qu'ils vont faire. Commencez par la phrase en gras

a. (les amis) → déjeuner / **prendre un café** / aller au spectacle
Les amis sont en train de prendre un café. Ils viennent de déjeuner. Ils vont aller au spectacle.

b. (l'étudiant) → **se détendre** / travailler dur / faire la fête

c. (les délégués commerciaux) → **se saluer** / finir la réunion / prendre l'avion

d. (l'actrice) → jouer la pièce / aller se coucher / **dîner** _____

_____

e. (le jeune) → télécharger / se connecter / **écouter une chanson sur Internet** _____

_____

6. **Vous ne le supportez plus un collègue. Répondez.**

a. Tu le supportes ? – **Non, je ne le supporte plus.**

b. Tu vas à la cafétéria avec lui ? – _____

c. Tu travailles avec lui ? – _____

d. Tu lui parles ? – _____

e. Il te parle ? – _____

f. Tu lui dis bonjour ? – _____

g. Vous vous regardez ? – _____

h. Vous vous disputez ? – _____

7. Rapportez le dialogue de Clément et François.

François : J'ai un problème avec l'ordinateur. _____

Clément : Qu'est-ce qui se passe ? _____

François : Je ne sais pas. _____

Clément : Éteins tout et redémarre. _____

François : Est-ce que je vais perdre mon travail ? _____

Clément : C'est possible. _____

8. Lisez l'article du journaliste. Rédigez le dialogue entre le journaliste et l'actrice.

Journaliste : Bonjour.

Bérengère : _____

_J. :_ _____

_____

_B. :_ _____

_J. :_ _____

Un journaliste va interviewer une actrice célèbre.
Bérangère me reçoit à l'hôtel Ritz. Je lui dis bonjour.
Elle me dit d'entrer et me demande si je veux du thé.
Je lui réponds que j'adore le thé. Je lui dis que j'ai vu son film
et que je l'ai trouvé formidable.
Elle me demande où je l'ai vu. Je lui réponds que je l'ai vu à Cannes.
Je lui demande de me parler du tournage.
Elle me dit qu'elle a beaucoup aimé jouer avec Alfredo.

🎧 Entraînement à **l'oral**

Vocabulaire

• aspirine (n.f.) _____	vertige (n.m.) _____	remplacer (v.) _____
clinique (n.f.) _____	• absent (adj.) _____	stresser (v.) _____
crédit (n.m.) _____	étonnant (adj.) _____	supporter (v.) _____
ligne (n.f.) _____	exceptionnel (adj.) _____	vendre (v.) _____
part (de la) (n.f.) _____	• patienter (v.) _____	• tout à coup _____
recherche (n.f.) _____	programmer (v.) _____	
répondeur (n.m.) _____	rappeler (v.) _____	

Prononcez

1. 🔊 **46** Écoutez. Relevez les mots contenant le son (p) et le son (b).

Son [p] : sportif	Son [b] : beau

2. 🔊 **47** Écoutez l'intonation de l'insistance. Répétez.

a. Tu crois ? ... Mais si, je t'assure.

b. C'est vrai ? ... Crois-moi !

c. Tu es sûr ? ... Oui, je te dis !

d. Ce n'est pas possible ? ... Si, c'est possible !

Parlez

3. 🔊 **48** Utilisez « encore » ou « ne ... plus ». Répondez selon l'indication.

Donnez-moi de vos nouvelles

a. Vous travaillez encore à la banque ? — Oui, je travaille encore à la banque.

b. Vous habitez encore votre studio ? — Non je n'habite plus mon studio.

c. Vous avez encore votre voiture Peugeot ? — Oui, _____

d. Vous jouez encore au football ? — Non, _____

e. Vous écoutez encore du jazz ? — Oui, _____

f. Vous faites encore du ski ? — Non, _____

g. Vous voyez encore Florence et Paul ? — Oui, _____

4. 🔊 **49** Écoutez la conversation téléphonique. Notez les informations dans le tableau ci-dessous.

Nom de la carte : _____

Nom de la société : _____

Durée : _____

Prix : _____

Moyen de transport : _____

Avantages :

– prix : _____

– types de trains : _____

– pays : _____

5. À faire après le travail sur les pages Écrits et Civilisation. 🔊 **50** Écoutez. Trouvez le dessin correspondant à la situation.

1

2

3

4

5

6

a. J'ai très mal à ce pied.

b. Allô, les pompiers ? Il y a un feu dans le jardin de mon voisin.

c. Je ne me sens pas bien. Je peux m'asseoir ?

d. J'ai froid. Je tousse. J'ai mal à la tête.

e. Je me suis blessé avec mon stylo.

f. Ah, l'ambulance arrive !

Pages Écrits et Civilisation

Vocabulaire

- agression (n.f.) _____
ambulance (n.f.) _____
barbe (n.f.) _____
blessure (n.f.) _____
bouche (n.f.) _____
bras (n.m.) _____
cheveu (n.m.) _____
collègue (n.m.) _____
commissariat (n.m.) _____
cou (n.m.) _____
dent (n.f.) _____
épaule (n.f.) _____
fait (n.m.) _____
feu (n.m.) _____
gendarme (n.m.) _____
grippe (n.f.) _____
hôpital (n.m.) _____

jambe (n.f.) _____
médecin (n.m.) _____
médicament (n.m.) _____
moustache (n.f.) _____
muscle (n.m.) _____
nez (n.m.) _____
œil (n.m.) _____
ordonnance (n.f.) _____
pharmacie (n.f.) _____
police (n.f.) _____
pompier (n.m.) _____
portefeuille (n.m.) _____
rhume (n.m.) _____
seconde (n.f.) _____
sida (n.m.) _____
urgence (n.f.) _____
ventre (n.m.) _____

visage (n.m.) _____
- bruyant (adj.) _____
lent (adj.) _____
profond (adj.) _____
privé (adj.) _____
- critiquer (v.) _____
fermer (v.) _____
respirer (v.) _____
se blesser (v.) _____
se casser (v.) _____
tendre (v.) _____
voler (v.) _____
- autour de _____
d'abord _____
lentement _____
profondément _____

Apprenez le vocabulaire

1. Indiquez les parties du corps.

2. Décrivez cette photo. (Aidez-vous du tableau « Pour parler du corps et des problèmes de santé », livre de l'élève, p. 109.)

3. Trouvez l'intrus.

a. un médecin – un gendarme – un médicament – une ordonnance

b. un rhume – une grippe – une blessure – le sida

c. les muscles – la barbe – la moustache – les cheveux

d. les yeux – les oreilles – le pied – la bouche

e. un commissariat – un policier – un pompier – un gendarme

4. Que va-t-il se passer ? Trouvez la conséquence comme dans l'exemple.

a. Il a beaucoup fumé. → **Il tousse.**

b. Le vase est tombé.

→ _____

c. L'enfant est tombé de l'arbre.

→ _____

d. Elle était malade. Elle a pris tous ses médicaments. → _____

e. Le voleur est entré dans la maison. → _____

5. Trouvez l'adjectif correspondant au verbe.

a. prononcer → **prononçable**

b. exporter → _____

c. imprimer → _____

d. expliquer → _____

e. présenter → _____

6. Relisez le document « Une urgence ? Un gros problème ? Que faire ? », p. 109.
À quoi correspondent ces numéros ?

15 : _____   18 : _____

17 : _____   112 : _____

7. Qui appelez-vous si...

a. Vous avez perdu vos papiers : _____

b. Vous ne parlez pas assez bien le français pour expliquer votre problème : _____

c. Votre voiture a un accident et il y a des blessés : _____

d. Vous vous faites voler votre sac : _____

e. Vous mettez le feu à votre camping-car : _____

f. Vous vous blessez au ski : _____

8. Complétez avec les verbes «être» ou « avoir ».

Rencontre

J'ai un nouveau copain. Il est chef d'entreprise. Il _____ assez grand. Il _____ un visage rond. Il _____ les cheveux clairs. Il _____ les yeux sombres. Il _____ toujours stressé mais il _____ un grand sourire généreux et il _____ sympathique.

Parlez moi de vous

Vous allez apprendre à :

☑ faire la description physique de quelqu'un
☑ parler de vos goûts et de vos activités
☑ vous présenter par écrit
☑ demander et donner une explication

Travail avec les pages Interactions

Vocabulaire

• caractère (n.m.)	compétent (adj.)	simple (adj.)
civilisation (n.f.)	courageux (adj.)	triste (adj.)
compétence (n.f.)	créatif (adj.)	utile (adj.)
conserve (n.f.)	décontracté (adj.)	• aider (v.)
loisir (n.m.)	égal (adj.)	échanger (v.)
partenaire (n.m.)	intelligent (adj.)	restaurer (v.)
pierre (n.f.)	naturel (adj.)	s'amuser (v.)
site (n.m.)	paresseux (adj.)	
• bénévole (adj.)	patient (adj.)	
chaleureux (adj.)	sérieux (adj.)	

Apprenez le vocabulaire

1. Voici la liste des qualités des différents intervenants du site « Échanges de compétences », p. 110. Classez ces qualités dans le tableau (une qualité peut être dans plusieurs colonnes).

sérieux – bon caractère – chaleureux – patient – dynamique – créatif – timide – décontracté – passionné – courageux – pas compliqué – aime les contacts – compétent – drôle – sympathique.

Qualités personnelles	Qualités professionnelles	Qualités dans les relations avec les autres
	Sérieux dans son travail	

2. Trouvez le contraire : faites correspondre.

a. compétent   **1.** froid

b. dynamique   **2.** impatient

c. courageux   **3.** audacieux

d. patient   **4.** mou

e. sympathique   **5.** simple

f. chaleureux   **6.** détendu

g. passionné   **7.** antipathique

h. timide   **8.** indifférent

i. drôle   **9.** triste

j. compliqué   **10.** lâche

k. décontracté   **11.** stressé

l. tendu   **12.** incompétent

3. Complétez avec le nom ou l'adjectif.

a. Il est compétent. J'aime sa **compétence**.

b. Il est courageux. Il est plein de _____ .

c. Il est patient. Avec les enfants, il est plein de _____ .

d. Il est sympathique. J'ai de la _____ pour lui.

e. Il a un défaut : sa timidité. Il est _____ .

f. On lit la tristesse sur son visage. Elle est _____ .

g. Elle est pleine d'audace. Elle est _____ .

h. Elle raconte des histoires avec drôlerie. Elle est _____ .

i. Nous apprécions sa simplicité. Il est _____ .

j. Il est plein de froideur avec les autres. Il est _____ .

4. Caractérisez.

a. Il travaille beaucoup : **il est travailleur**.

b. Elle ne parle pas aux autres : _____ .

c. Il a toujours des idées : _____ .

d. Il n'a peur de rien : _____ .

e. Il fait rire les autres : _____ .

f. Il a toujours peur de ne pas y arriver : _____ .

g. Il dit toujours bonjour avec le sourire : _____ .

h. Il ne salue jamais : _____ .

5. Masculin ou féminin ? Mettez une croix.

	Masculin	Féminin
a. dessinateur		
b. éditrice		
c. propriétaire		
d. producteur		
e. journaliste		
f. infirmière		
g. banquière		

	Masculin	Féminin
h. magicien		
i. réceptionniste		
j. conseillère		
k. chercheur		
l. partenaire		
m. voyageuse		
n. écrivain		

Travail avec les pages Ressources

Vocabulaire

• micro (n.m.) _____   • perdre (v.) _____

Utiliser le pronom « qui »

1. Présentez des informations : caractérisez avec « qui ».

a. Nous habitons une maison ; elle se trouve dans un joli quartier à la campagne.

Nous habitons une maison qui se trouve dans un joli quartier à la campagne.

b. C'est une grande maison ; elle a appartenu à ma grand-mère.

_____

c. Nos voisins sont des créatifs ; ils travaillent dans la communication.

_____

d. Ils ont deux enfants ; ils ont l'âge de Maxence et Kevin.

_____

e. Ce sont des enfants décontractés ; ils aiment faire du sport.

f. Nous organisons ensemble de petites fêtes ; elles rassemblent les voisins du quartier.

g. Finalement j'aime bien la campagne ; elle ressemble un peu à la ville.

Présenter et caractériser

Rappelez-vous

C'est... – Il/Elle est...

■ « C'est... » est utilisé :
– pour identifier
Qu'est-ce que c'est ? – C'est un cadeau pour Julien.
Qui est-ce ? – C'est Léa.
– pour caractériser une chose qui n'a pas été nommée
Devant un tableau au musée du Louvre : « C'est beau ! »

■ « Il/Elle est... » est utilisé pour caractériser une chose ou une personne déterminée.
C'est Léa. Elle est infirmière. Elle est très gentille.

2. Complétez avec « c'est... » ou « il/elle est... ».

a. _____ ton nouvel ordinateur ?

b. Oui, _____ très performant.

c. On dit qu'_____ est très rapide.

d. Oui, _____ une Ferrari !

e. Ça va changer ta vie ! _____ cher ?

f. Non, _____ une promotion. Je l'ai acheté chez Rond-Point.

g. Tu crois qu'_____ toujours en promotion ?

Donnez des ordres et des conseils

3. Insistez comme dans l'exemple. Utilisez l'impératif avec pronom.

Victoria donne des conseils à Julien sur la préparation de son prochain voyage.

a. Tu dois appeler l'agence de voyage.

Appelle-la !

b. Tu dois réserver tes billets d'avion.

c. Tu dois confirmer l'heure d'arrivée à l'hôtel.

d. Tu dois préparer ton bagage à main.

e. Tu ne dois pas mettre ton rasoir dans ton bagage à main.

f. Tu ne dois pas oublier ton passeport.

g. Et tu dois m'appeler à ton arrivée.

4. Insistez comme dans l'exemple.

Conseils à un étranger qui étudie le français en France

a. Accepte les invitations des Français.

Accepte-les.

b. Appelle ta correspondante française.

c. Parle à tes voisins.

d. Regarde la télévision française.

e. N'écoute pas la radio de ton pays.

g. Pendant les vacances, visite les régions de France.

f. Ne sors pas avec les étudiants de ton pays.

h. Ne tutoie pas ton professeur d'université.

Utilisez les suffixes

Rappelez-vous

■ Pour former un nom d'après un verbe :
– suffixe **-tion**   habiter   → habitation
– suffixe **-ement**   télécharger → téléchargement
– suffixe **-ure**   signer   → signature

5. Transformez la phrase comme dans l'exemple.

a. Elle a bien participé.   → **Bonne participation !**

b. Je vous félicite.   → _____

c. Le magasin ferme à 19 heures.   → _____

d. Il faut changer à la station Châtelet.   → _____

e. Il est impossible de se connecter.   → _____

f. Il est interdit d'exporter des animaux.   → _____

g. On a créé un nouveau centre culturel.   → _____

h. La discothèque ouvre à 23 heures.   → _____

i. Télécharger une chanson coûte 0,99 €.   → _____

🎧 Entraînement à l'oral

Vocabulaire

• biologiste (n.m.) _____

mission (n.f.) _____

• hériter (v.) _____

contraire (n.m.) _____

promenade (n.f.) _____

• surtout _____

Prononcez

1. 🔊 **51** Écoutez et distinguez le « eu » [ø] de « mieux » et le « eu » [œ] de « meilleur ».

	[ø]	[œ]
a.		
b.		
c.		
d.		
e.		

Parlez

2. ⏱ **52** Transformez selon l'exemple.

a. J'ai un cousin ; il est drôle. → J'ai un cousin qui est drôle.

b. J'ai une tante ; elle est stupide. → _____

c. J'ai un grand-père ; il est âgé. → _____

d. J'ai une amie ; elle est amoureuse de moi. → _____

e. J'ai une nièce ; elle est amusante. → _____

f. J'ai une belle-sœur ; elle est compliquée. → _____

g. J'ai un compagnon ; il est décontracté. → _____

h. J'ai un neveu ; il est dangereux. → _____

Vérifiez votre compréhension

3. À faire après le travail sur les pages Écrits et Civilisation.

⏱ **53** Écoutez. Retrouvez les personnages d'après les descriptions.

Flore : _____ Margot : _____ Clarisse : _____

Jérémy : _____ Arnaud : _____ Romain : _____

1

2

3

4

5

6

Pages Écrits et Civilisation

Vocabulaire

• architecte (n.m.)	importance (n.f.)	châtain (adj.)
avocat (n.m.)	jupe (n.f.)	étroit (adj.)
bourgeois bohème (n.m.)	originalité (n.f.)	jaune (adj.)
casquette (n.f.)	pantalon (n.m.)	long (adj.)
chapeau (n.m.)	pull (n.m.)	marron (adj.)
chaussette (n.f.)	robe (n.f.)	mince (adj.)
chaussure (n.f.)	style (n.m.)	moyen (adj.)
chemisier (n.m.)	taille (n.f.)	noir (adj.)
costume (n.m.)	tee-shirt (n.m.)	rond (adj.)
couleur (n.f.)	veste (n.f.)	roux (adj.)
cravate (n.f.)	vêtement (n.m.)	violet (adj.)
écharpe (n.f.)	• bleu (adj.)	• mesurer (v.)
foulard (n.m.)	blond (adj.)	paraître (v.)
image (n.f.)	brun (adj.)	porter (v.)

Vérifiez votre compréhension

1. Choisissez la candidate au poste de chargée de communication. Associez la description à chacun des portraits.

1

2

3

Elle a une allure très féminine, elle est souriante, elle est habillée strictement ; elle porte une veste et une jupe noire, un chemisier blanc ; elle est dynamique, compétente et sérieuse.

Elle fait un peu adolescente ; elle est petite ; elle porte des baskets, un jean large et une veste longue ; elle est très décontractée, souriante et chaleureuse.

Elle a un look de créatif ; elle est de taille moyenne ; elle porte une tenue décontractée (tee shirt, veste, pantalon) ; elle est cultivée, intelligente et compliquée.

2. Relisez le document « À chacun son look », p. 116. Reliez la façon de s'habiller, le type social et la profession.

Type social	Façon de s'habiller	Profession
Le décontracté	**a.** années 60	**1.** architecte
Le créatif	**b.** jogging et baskets	**2.** sans travail
Le jeune	**c.** classique	**3.** chef d'entreprise
Le décideur	**d.** tout en noir	**4.** étudiant
Le bobo	**e.** jean et tee-shirt	**5.** professeur de faculté

Écrivez

3. Décrivez ces trois personnes selon le modèle.

Il/Elle est … Il/Elle a … Il/Elle porte …

a. _____

_____

_____

_____

_____

b. _____

_____

_____

_____

_____

c. _____

_____

_____

_____

_____

Préparation au DELF A1

• Compréhension orale

1. ⏱ **54** Écoutez les documents sonores et dites pour chacun d'entre eux de quoi il s'agit.

	A	B	C	D
Information sportive				
Information culturelle				
Météo				
Voyage d'affaires				
Rendez-vous professionnel				
Réservation d'hôtel				
Voyage touristique				

2. Quel document correspond à :

	A	B	C	D
un message téléphoné				
un répondeur				
une conversation téléphonique				
une messagerie				

3. Retrouvez les informations.

• A

Où : _____

Titre du film : _____

Horaire des séances : _____

• C

Destination : _____

Moyen de transport : _____

Jour de départ : _____

• D

Objet du message : _____

Jours : _____

Heure : _____

• B

Durée du séjour : _____

Nombre de personnes : _____

Type de chambre : _____

Heure de départ : _____

Numéro de vol : _____

Aéroport : _____

• Production orale

Récit

Chassez l'intrus.

Voici des ensembles de mots qui correspondent aux différents moments d'un récit. Il y a un intrus.

Trouvez lequel et dites à quel moment du récit il correspond.

a. Avant l'histoire :

il y a un an ; la semaine dernière ; il y a quelques jours ; par la suite

_____

b. Au début de l'histoire

au début ; d'abord ; au départ ; à ce moment-là

_____

c. Pendant l'histoire

ce jour-là ; au même moment ; en même temps

d. Pendant l'histoire, à la suite

le lendemain ; c'est alors que ; la semaine suivante ; en fin de compte

e. À la fin de l'histoire

enfin ; finalement ; puis ; en conclusion

Échange d'informations

Voici le résumé de la vie professionnelle et personnelle de Karim. Trouvez les questions.

1998 : arrivée de Karim à Paris.

1999 : stage au journal *Le Parisien*.

2000 : journaliste sportif au journal *Le Parisien* : s'occupe du rugby, du football et du tennis.

2001 : rencontre avec Véra.

2002 : installation rue Lepic.

2003 : naissance d'Ottavio.

Depuis 2004 : journaliste à *L'Équipe*. Spécialiste du football.

• Compréhension écrite

1. Lisez les documents.

Salut tout le monde
La Fête des premières du lycée, c'est

VENDREDI À PARTIR DE 19H30 AU GYMNASE

On a la permission de minuit !

N'oubliez pas les quiches, les pizzas,
les salades, les chips et le Coca

DJ MANU assurera l'ambiance
Eux et MOI

A

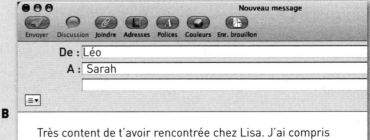

De : Léo
A : Sarah

B

Très content de t'avoir rencontrée chez Lisa. J'ai compris
que tu aimais bien le cinéma.

« Swimming pool » de François Ozon, tu as envie ?

Si oui, rendez-vous mercredi à UGC Cité Ciné à 14 h.

Ne réponds surtout pas mais fais-moi la surprise.

C

Chère Karine,

Buenos Aires, c'est GÉANT !

Quinze jours à visiter et à faire

la fête... Temps superbe : février,

c'est idéal.

Je sais tout du tango porteño.

Loïc

Karine Marty

12 rue des Matelots

| 4 | 4 | 0 | 0 | 0 | NANTES

2. Identifiez chaque document.

	Document A	Document B	Document C
Flyer			
Carte postale			
Courriel			

3. Pour chaque document, trouvez :

	Document A	Document B	Document C
Qui écrit ?			
À qui ?			
À propos de quoi ?			
Quand ?			
Où ?			

• Production écrite

On vous a volé votre sac. Complétez la fiche de police.

COMMISSARIAT DE POLICE
Déclaration de vol

NOM _____   PRÉNOM _____

Nationalité : _____   Né(e) le : _____

à _____

Adresse : _____

Quand : _____

Où : _____

Objet volé : _____

Forme : _____

Couleur : _____

Signes particuliers : _____

Vivement demain !

Vous allez apprendre à :

- ☑ parler du futur, faire des projets
- ☑ exprimer la peur
- ☑ rassurer quelqu'un
- ☑ parler de l'éducation

Travail avec les pages Interactions

Vocabulaire

- augmentation (n.f.) _____
- cancer (n.m.) _____
- chiffre (n.m.) _____
- climat (n.m.) _____
- énergie (n.f.) _____
- évolution (n.f.) _____
- futur (n.m.) _____
- guerre (n.f.) _____
- métier (n.m.) _____
- nourriture (n.f.) _____

- opinion (n.f.) _____
- paix (n.f.) _____
- partie (n.f.) _____
- pétrole (n.m.) _____
- population (n.f.) _____
- relation (n.f.) _____
- terre (n.f.) _____
- optimiste (adj.) _____
- quotidien (adj.) _____
- riche (adj.) _____

- augmenter (v.) _____
- correspondre (v.) _____
- développer (v.) _____
- devenir (v.) _____
- diminuer (v.) _____
- hésiter (v.) _____
- transporter (v.) _____
- vivement _____

Apprenez le vocabulaire

1. Complétez avec un verbe de la liste.

augmenter – changer – devenir – diminuer – évoluer – se développer

Présent et passé

a. Depuis 50 ans, la population de Paris _____ .

b. Les quartiers de la banlieue _____ .

c. Le métro _____ . Il est plus rapide et il fait moins de bruit.

d. Le nombre de cabines téléphoniques _____ .

e. Beaucoup de restaurants ou de magasins _____ des MacDos.

f. Les modes de vie _____ .

2. Dans la liste de vocabulaire ci-dessus, trouvez les mots correspondant à ces définitions.

a. Sur la table du restaurant _____

b. Profession _____

c. On la signe après la guerre _____

d. De 1 à 9 _____

e. Il est loin d'être pauvre _____

f. On la voit de la Lune _____

g. Morceau _____

h. Richesse de l'Arabie Saoudite _____

3. Transformez les verbes en noms. Refaites les phrases comme dans l'exemple.

a. Je vous interdis d'entrer → **Interdiction d'entrer**

b. Les prix ont augmenté → _____

c. Les banlieues se sont développées → _____

d. Les aides aux chômeurs ont diminué → _____

e. On a remplacé l'entraîneur de l'équipe de football → _____

f. Vous devez travailler → _____

4. Dans le sondage « Êtes-vous optimiste face au futur », trouvez des mots sur les sujets suivants :

a. Les problèmes de santé : **guérir,** _____

b. La guerre : _____

c. La campagne : _____

Vérifiez votre compréhension

5. Observez les documents ci-dessous.

A. Identifiez-les.

a. une affiche de film _____

b. une publicité pour voyante _____

c. une affiche politique _____

d. un bulletin météo _____

e. un livre _____

f. une affiche publicitaire _____

g. une petite annonce _____

B. Retrouvez dans ces documents les mots qui expriment le futur.

Le futur : _____

C. Par quel document ces personnes peuvent-elles être intéressées ?

a. Il cherche du travail. _____

b. Elle attend un enfant. _____

c. Il veut savoir si son amie l'aime vraiment. _____

d. Elle veut se détendre. _____

e. Il aime réfléchir et discuter. _____

f. Elle fait de la politique. _____

g. Demain, il va faire une randonnée en montagne. _____

1

2

3 DÉSIR D'AVENIR : ENSEMBLE TOUT EST POSSIBLE

4 **Le temps demain**

VELMA Voyance
• Projets
• Sentiments
• Vie professionnelle
Appelez le **01 13 13 13**

5

6 FUTURA
Pour la future maman
TOUT BÉBÉ EST LÀ

7 « **Connectez-vous sur votre prochain travail**
www.ALLOJOB.com »

Travail avec les pages Ressources

Vocabulaire

• salaire (n.m.) _____ • nommer (v.) _____ • autant _____

Apprenez les conjugaisons

1. Complétez la conjugaison de ces verbes au présent.

dire	interdire	vivre
je dis	j'_____	je _____
tu _____	tu _____	tu _____
il/elle _____	il/elle _____	il/elle vit
nous disons	nous _____	nous vivons
vous dites	vous interdisez	vous _____
ils/elles _____	ils/elles _____	ils/elles _____

Rappelez-vous

La conjugaison des verbes au futur

■ Verbes en -er et beaucoup d'autres verbes :
infinitif + terminaison : -ai ; -as ; -a ; -ons ; -ez ; -ont
je parlerai   *je finirai*   *je partirai*

■ Quelques verbes très utilisés ont une conjugaison différente :
être : *je serai*   faire : *je ferai*
avoir : *j'aurai*   venir : *je viendrai*
aller : *j'irai*   pouvoir : *je pourrai*
voir : *je verrai*   il faut : *il faudra*

2. Complétez la conjugaison de ces verbes au futur.

Demain...

je (travailler) _____   je (faire) _____

tu (s'arrêter) _____   tu (venir) _____

il (jouer) _____   elle (aller) _____

nous (comprendre) _____   nous (être absent) _____

vous (dormir) _____   vous (avoir du temps) _____

elles (se rencontrer) _____   ils (pouvoir sortir) _____

3. Continuez au futur comme dans l'exemple.

a. Anna se marie aujourd'hui. **Léa se mariera demain.**

b. Aujourd'hui, je vais au mariage d'Anna. Demain, _____

c. Aujourd'hui, nous faisons un cadeau. Demain, _____

d. Aujourd'hui, tu danses. Demain, _____

e. Aujourd'hui, je fais un bon repas. Demain, _____

f. Aujourd'hui, Anna et son mari partent en voyage. Demain, _____

g. Aujourd'hui, ils se souviennent de leur rencontre. Demain, _____

4. Mettez les verbes au futur.

On gagnera ce marché

a. Le nouveau produit *(sortir)* _____ demain.

b. Je vous *(appeler)* _____ .

c. Vous *(aller)* _____ à Londres pour le présenter.

d. Laura *(venir)* _____ avec vous.

e. Vous *(prendre)* _____ l'Eurostar.

f. J'espère que les Anglais *(apprécier)* _____ et que nous *(avoir)* _____ ce marché.

g. Si vous réussissez, nous *(faire)* _____ la fête !

Parlez du futur

5. Mettez les verbes au futur.

Projet culturel

Le centre multimédia *(être)* _____ un lieu d'information pour tout le monde. On *(avoir)* _____

accès aux technologies d'aujourd'hui. On *(pouvoir)* _____ aussi ouvrir une adresse électronique.

Nous *(développer)* _____ le dialogue en ligne et nous *(envoyer)* _____ régulièrement une *newsletter*.

6. Mettez les verbes au futur.

Avec des « si »…

Si je passe ma thèse avec succès, je *(faire)* _____ une grande fête.

J'*(inviter)* _____ tous mes amis.

J'*(acheter)* _____ un cadeau à ma femme.

Nous *(prendre)* _____ un mois de vacances.

Nous *(partir)* _____ très loin.

J'*(oublier)* _____ tout.

7. L'homme politique fait des promesses. Continuez selon l'exemple.

a. augmenter les salaires → **nous augmenterons les salaires**

b. développer les transports en commun → _____

c. mieux utiliser les crédits → _____

d. programmer de nouveaux logements → _____

e. développer les nouvelles énergies → _____

Rappelez-vous

Pour comparer :
- **des qualités :** plus … que / aussi … que / moins … que
  *Marie est **aussi** charmante **que** Sophie.*

- **des quantités :** plus de … que / autant de … que / moins de … que
  *Pierre a **autant de** travail **que** Paul.*

- **des actions :** plus que / autant que / moins que
  *Marie dort **moins que** Camille.*

8. Complétez avec un mot de comparaison.

a. En France, on fume _____ Grèce.

b. Les Portugais fument _____ les Autrichiens.

c. Au Royaume-Uni, on fume _____ en France.

d. Les Espagnols fument _____ les Italiens

qui fument _____ les Français.

e. Les Irlandais achètent _____ de cigarettes

que les Allemands.

f. Les Finlandais achètent beaucoup _____

de cigarettes que les Grecs.

g. Les Anglais achètent presque _____

de cigarettes que les Belges.

FUMEURS DE TOUS LES PAYS...
**Consommation moyenne de tabac
dans l'Union européenne (en cigarettes par jour)**

Grèce : 9,3
Irlande : 6,4
Espagne : 6,1
Allemagne : 5,5
Autriche : 5,4
Portugal : 5,4
France : 5,2
Italie : 5
Belgique-Luxembourg : 4,9
Royaume-Uni : 4,8
Danemark : 4,2
Pays-Bas : 3,4
Suède : 3,2
Finlande : 3

🎧 Entraînement à l'oral

Vocabulaire

• choix (n.m.) _____	économie (n.f.) _____	• spécialisé (adj.) _____
chômage (n.m.) _____	gestion (n.f.) _____	• déranger (v.) _____
congé (n.m.) _____	laboratoire (n.m.) _____	réfléchir (v.) _____
contrôleur (n.m.) _____	proposition (n.f.) _____	s'inquiéter (v.) _____
coup (n.m.) _____	qualité (n.f.) _____	• justement _____
courage (n.m.) _____	ressources humaines (n.f.pl.) _____	
création (n.f.) _____	retraite (n.f.) _____	

Prononcez

1. 🎧 **55 Écoutez et notez les « e » non prononcés.**

a. je développerai

b. tu diminueras

c. il transportera

d. nous hésiterons

e. vous mesurerez

f. elles fermeront

2. 🎧 **56 Écoutez et distinguez les sons « an » [ɑ̃], « in » [ɛ̃] et « on » [ɔ̃].**

	[ɑ̃]	[ɛ̃]	[ɔ̃]
a.			
b.			
c.			
d.			
e.			

	[ɑ̃]	[ɛ̃]	[ɔ̃]
f.			
g.			
h.			
i.			

Vérifiez votre compréhension

3. 🕐 **57** Écoutez le bulletin météo
et complétez la carte ci-contre.

Parlez

4. 🕐 **58** Vous prenez des décisions.
Continuez comme dans l'exemple.

a. se lever tôt

Je me lèverai tôt.

b. arrêter de fumer

_____

c. manger régulièrement

_____

d. faire du sport

_____

e. ne plus boire

_____

Pages Écrits et Civilisation

Vocabulaire

• administration (n.f.) _____	incident (n.m.) _____	primaire (adj.) _____
avenir (n.m.) _____	ingénieur (n.m.) _____	second (adj.) _____
bourse (n.f.) _____	institut (n.m.) _____	• avancer (v.) _____
cadre (n.m.) _____	niveau (n.m.) _____	compter (v.) _____
cahier (n.m.) _____	pauvreté (n.f.) _____	couper (v.) _____
connaissance (n.f.) _____	religion (n.f.) _____	dépenser (v.) _____
difficulté (n.f.) _____	signe (n.m.) _____	étudier (v.) _____
doctorat (n.m.) _____	solution (n.f.) _____	exister (v.) _____
droit (n.m.) _____	technicien (n.m.) _____	former (v.) _____
enseignement (n.m.) _____	• final (adj.) _____	mélanger (v.) _____
étape (n.f.) _____	général (adj.) _____	respecter (v.) _____
extrait (n.m.) _____	laïque (adj.) _____	réunir (v.) _____
formation (n.f.) _____	obligatoire (adj.) _____	

Vérifiez votre compréhension

1. Lisez le texte de la page 132. Cochez les remarques qui sont justes.

a. Ce document est :

☐ un article où on raconte un événement

☐ une discussion entre plusieurs personnes

b. Ce document affirme que :

☐ l'école connaît des difficultés

☐ il faut séparer les élèves suivant leurs difficultés

☐ l'école ne doit s'occuper que des savoirs

☐ l'informatique peut aider à résoudre certains problèmes

☐ l'école doit accepter que certains ne réussissent pas

☐ on doit faire des choix dans l'utilisation des moyens

2. Retrouvez les informations correspondant à ces données chiffrées dans « L'enseignement en France », page 133.

6-16 ans : **école obligatoire pour tous**   11-15 ans : _____   34 % : _____

15% : _____   15-18 ans : _____   25 % : _____

2-6 ans : _____   70 % : _____   20 % : _____

6-11ans : _____   60 % : _____

Écrivez

3. Vous voulez faire le voyage proposé dans le document suivant. Vous écrivez à un(e) ami(e) pour lui proposer de vous accompagner. Vous décrivez le voyage.
« Nous partirons de Paris le mardi à 13 h et... »

VOTRE SÉJOUR À TOKYO

➜ **Mardi :**
départ de Paris à 13 h

➜ **Mercredi :**
arrivée à Tokyo à 14 h – Installation à l'hôtel

➜ **Jeudi**
– matin : promenade dans le jardin impérial
– après-midi : shopping dans le quartier de Ginza
– soir : dîner dans un restaurant traditionnel

➜ **Vendredi**
– matin : visite du musée de la vie quotidienne à l'époque Edo
– après-midi : rendez-vous à Ueno, parc des mille cerisiers en fleurs
– soir : représentation de Théâtre No

➜ **Samedi**
– matin : découverte du quartier de Ningyocho : artisanat, poupées, kimonos
– après-midi : visite libre
– soir : retrouvailles dans le quartier jeune et branché d'Aoyama

➜ **Dimanche :**
retour à Paris

Tu as du boulot ?

Vous allez apprendre à :

- ☑ parler du travail et de l'entreprise
- ☑ chercher un emploi
- ☑ choisir et acheter un objet
- ☑ exprimer vos goûts et vos préférences

Travail avec les pages Interactions

Vocabulaire

- baguette (n.f.) _____
- commercialisation (n.f.) _____
- emploi (n.m.) _____
- fabrication (n.f.) _____
- garde (n.m.) _____
- gardien (n.m.) _____
- lieu (n.m.) _____
- mémoire (n.f.) _____
- personnel (n.m.) _____
- plante (n.f.) _____

- réparateur (n.m.) _____
- société (n.f.) _____
- téléviseur (n.m.) _____
- vitamine (n.f.) _____
- ambulant (adj.) _____
- capable (adj.) _____
- commercial (adj.) _____
- financier (adj.) _____
- salé (adj.) _____
- ajouter (v.) _____

- commercialiser (v.) _____
- conduire (v.) _____
- diriger (v.) _____
- manquer (v.) _____
- observer (v.) _____
- produire (v.) _____
- ramener (v.) _____
- s'ennuyer (v.) _____
- se renseigner (v.) _____
- suffire (v.) _____

Vérifiez votre compréhension

1. Relisez la partie « Il suffit d'y penser » du document des pages 134 et 135. Complétez le tableau.

Qui a la nouvelle idée ?	Quel problème veut-il résoudre ?	Quelle solution propose-t-il ?
a. une société américaine	_____	_____
b. _____	On ne trouve plus de magasins dans certains villages	_____
c. _____	_____	_____
d. _____	_____	_____

Apprenez le vocabulaire

2. Faites correspondre les besoins et les secteurs d'emploi.

a. une population plus âgée

b. des métiers qui évoluent

c. une durée du travail plus courte

d. un besoin de protection plus grand

e. des produits de haute technologie

f. des besoins en logements

1. loisirs

2. formation supérieure

3. santé

4. construction de bâtiments

5. enseignement

6. sécurité

3. Voici tous les métiers qui ont été présentés dans la méthode. Classez-les dans le tableau.

poète – fermier – biologiste – magicien – gendarme – réparateur – médecin – dessinateur – coiffeur – religieux – infirmière – professeur – étudiant – présentateur – journaliste – musicien – animateur – traiteur – ingénieur – contrôleur – technicien – informaticien – serveur – réceptionniste

Métiers de la communication	Métiers des services	Métiers manuels	Métiers techniques	Métiers artistiques

4. Trouvez l'action correspondant à la profession.

a. le contrôleur : **il contrôle**

b. l'administrateur : _____

c. le directeur : _____

d. la gestionnaire : _____

e. la réparatrice : _____

f. le serveur : _____

g. l'animatrice : _____

h. la coiffeuse : _____

5. Remettez dans l'ordre les étapes de la fabrication d'une nouvelle moto.

a. Le directeur et les cadres décident de commercialiser le produit.

b. On fabrique un prototype.

c. Le produit est dans tous les magasins.

d. Les ingénieurs font un projet de nouvelle moto.

e. On fait de la publicité.

f. Les techniciens font des essais et des tests.

g. Les commerciaux présentent la nouvelle moto.

h. On améliore le projet.

Travail avec les pages Ressources

Vocabulaire

• marque (n.f.) _____   • séduisant (adj.) _____

Utilisez les pronoms

Rappelez-vous

■ On utilise **le pronom « en »** pour reprendre un nom :
– précédé de « du », « de la », « des »
*J'ai acheté de la confiture. J'**en** ai mangé.*

– précédé d'un mot de quantité
*Il a beaucoup d'argent ? – Oui, il **en** a beaucoup !*
*J'ai acheté une tarte. J'**en** ai mangé (un morceau).*

– précédé de la préposition « de »
*Tu as besoin d'aide ? – J'**en** ai besoin.*

■ On utilise **le pronom « y »** pour reprendre :
– un nom de lieu
*Tu es allé au Canada ? – Oui, j'**y** suis allé.*

– une chose ou une idée complément indirect d'un verbe précédé de la préposition « à »
*Elle fait attention à son orthographe ? – Oui, elle **y** fait attention.*

1. Répondez en employant « en ».

Chez un commerçant

a. Vous avez des chemises à fleurs ? – **Oui, j'en ai.**

b. Vous avez vu une chemise qui vous intéresse ? – Oui, _____

c. Vous faites des réductions sur ces chemises ? – Non, _____

d. Vous me donnez un billet de 500 € ! Vous n'avez pas de monnaie ? – Non, _____

e. Vous n'avez pas une carte bancaire ? – Si, _____

f. Vous avez besoin d'une facture ? – Non, _____

2. Répondez selon votre situation.

a. Vous avez une voiture ? – **Oui, j'en ai une. / Non, je n'en ai pas.**

b. Vous faites du jogging ? _____

c. Vous buvez du café ? _____

d. Vous écoutez de la musique ? _____

e. Vous mangez des glaces ? _____

f. Vous mettez des cravates ? _____

3. Répondez en employant « y ».

Au Festival

a. Tu seras au Festival ? – **Oui, j'y serai.**

b. Tu vas à la conférence de presse ? – Oui, _____

c. Luc et Nina viendront à cette conférence ? – Oui, _____

d. Vous resterez au pot après la conférence ? – Non, _____

e. Tu participeras à la manifestation de demain ? – Non, _____

f. Vous assisterez au concert ? – Oui, _____

4. Répondez selon les indications.

a. Vous pensez au problème ? – **Oui, j'y pense.**

b. Vous allez à la réunion ? – Oui, _____

c. Vous participez au déjeuner ? – Non, _____

d. Vous travaillez au projet ? – Oui, _____

e. Vous pensez au budget ? – Oui, _____

f. Vous allez à la soirée de Duval ? – Non, _____

5. Complétez avec les pronoms « en » ou « y ».

Au Grand Prix automobile de Monaco, en mai

a. Hélène va au Grand Prix de Monaco ? – **Oui, elle y va.**

b. Elle a réservé des places ? Oui, _____

c. Il y a une place pour moi. – Oui, _____

d. Vous resterez à Monaco après le Grand Prix ? – Non, _____

e. Vous avez des amis ? – Non, _____

6. Exprimez la condition en employant les expressions de la liste.

Elle pose ses conditions

a. *Lui :* On habite ensemble ? – *Elle :* **Oui, si je choisis le logement.**

b. *Lui :* On loue un appartement ? – *Elle :* _____

c. *Lui :* On aura un chien. – *Elle :* _____

d. *Lui :* J'achète un piano ? – *Elle :* _____

e. *Lui :* Nous aurons un bébé ? – *Elle :* _____

1. le sortir le soir

2. choisir le logement

3. ne pas jouer de la musique jazz

4. ne pas l'appeler Maurice ou Mauricette

5. partager le loyer

🎧 Entraînement à l'oral

Vocabulaire

• armoire (n.f.)	responsable (n.m.)	plaire (v.)
cosmétique (n.m.)	• disponible (adj.)	• couramment
entretien (n.m.)	exact (adj.)	franchement
exemple (n.m.)	nul (adj.)	plutôt
expérience (n.f.)	sexy (adj.)	
horreur (n.f.)	• étonner (v.)	

Distinguez la prononciation

1. 🕐 **59 Complétez avec :**
– « g » ou « gu » quand vous entendez [g] ;
– « c », « qu », « k » quand vous entendez [k].

a. Cherche _____onseiller _____ompétent ave_____ du _____aractère.

b. Cherche _____ide pour _____rand _____roupe.

c. Cherche ma_____asin avec _____artes de _____rédits acceptées.

d. Achète _____atre _____ilos de _____âteaux à la _____onfiture.

e. Cherche pa_____ets de ci_____arettes au cho_____olat.

Vérifiez votre compréhension

2. 🕐 **60 Écoutez.**
Julien cherche du travail.
Il se présente à l'ANPE
(agence nationale pour l'emploi).
Complétez sa fiche.

○ Nom : RIGON   Prénom : Julien

Adresse postale : _____

Téléphone : _____

Courriel : _____

○ Âge : _____   État civil : _____

Formation : _____

Expériences professionnelles : _____

Langues parlées : _____

○ Centres d'intérêt particuliers : _____

_____

3. 🕐 **61 Écoutez. Ils donnent leur opinion sur un film. Notez chaque réaction sur le schéma.**

j'ai horreur	je n'aime pas	j'aime plus ou moins	j'aime bien	j'aime beaucoup	j'adore
1	2	3	4	5	6

Pages Écrits et Civilisation

Vocabulaire

• architecture (n.f.)	moitié (n.f.)	• indépendant (adj.)
bâtiment (n.m.)	moteur (n.m.)	joint (adj.)
catégorie (n.f.)	occasion (n.f.)	minimum (adj.)
chômeur (n.m.)	pôle (n.m.)	net (adj.)
domaine (n.m.)	réalisation (n.f.)	social (adj.)
durée (n.f.)	salarié (n.m.)	• agréer (v.)
expression (n.f.)	sécurité (n.f.)	améliorer (v.)
fonctionnaire (n.m.)	sentiment (n.m.)	gérer (v.)
grève (n.f.)	soin (n.m.)	impressionner (v.)
médiathèque (n.f.)	syndicat (n.m.)	

Apprenez le vocabulaire

1. Cherchez l'intrus.

a. un directeur – un cadre – un salarié – un chef de service – un tableau

b. une demande – la sécurité sociale – un syndicat – une grève – une manifestation

c. une réalisation – une production – une création – une réaction – une invention

d. le chômage – les vacances – les congés – le week-end – la pause

e. un fonctionnaire – un policier – un professeur – un gendarme – un médecin

2. Trouvez le mot d'après la définition (dans la liste de vocabulaire ci-dessus).

a. Il ne trouve pas de travail

b. Il fait des projets d'immeubles

c. Il fait marcher la voiture

d. Un demi

e. Ils défendent les salariés

f. Faire mieux

g. On y trouve des livres, des films, des disques, etc.

Vérifiez votre compréhension

3. Dans la lettre de la page 140, repérez les informations suivantes :

a. la formule de début :

b. la formule de fin de lettre :

c. les informations sur les études :

d. l'expérience professionnelle :

e. la demande (les souhaits) :

f. les raisons de la candidature :

g. les qualités qui font la différence :

h. les remerciements :

4. Lisez ces petites annonces dans la rubrique « Emplois » d'un journal et complétez le tableau.

Type d'annonce	Auteur de l'annonce	Type d'emploi	Précisions (temps, compétences, etc.)
a. offre	étudiante	enseignement de l'espagnol	vacances scolaires
b.			
c.			
d.			
e.			
f.			
g.			

Vacances scolaires
ÉTUDIANTE, bilingue espagnol-français
donne COURS D'ESPAGNOL
tél : 06 13 45 39 15

tél : 06 13 45 39 15
tél : 06 13 45 39 15
tél : 06 13 45 39 15
tél : 06 13 45 39 15
tél : 06 13 45 39 15
tél : 06 13 45 39 15
tél : 06 13 45 39 15
tél : 06 13 45 39 15
tél : 06 13 45 39 15
tél : 06 13 45 39 15

a

Laboratoire médical cherche
CHEF DE PRODUIT
De formation supérieure,
il aura à orienter les choix stratégiques
et à diriger une équipe de dix personnes
Adresser CV, photo et lettre au journal
sous la réf. LM0205

d

**TRADUCTRICE TRILINGUE
ALLEMAND/ESPAGNOL**
cherche des traductions techniques,
commerciales ou d'intérêt général
Bonnes qualités rédactionnelles ;
maîtrise des outils informatiques ;
travail à distance.
Écrire journal TL 053

b

Musicien professionnel
donne cours de piano
dans la journée
Tél. 06 42 88 01 83

e

Cherche délégué commercial
➡ Vous avez un **BTS de commerce
international** et une **formation
en langues étrangères appliquées.**
➡ Vous maîtrisez trois langues
et vous aimez voyager.
Envoyez CV et lettre à :
procom@procom.com

f

Maison du Tourisme de Colmar

cherche GUIDE
niveau BTS Tourisme avec une solide
formation en histoire de l'art

➡ Vous avez le goût de la rencontre
avec le public et vous vous exprimez
facilement.
➡ Trois langues exigées

Écrire à :
Madame la Directrice
de la Maison du Tourisme de Colmar
68000 Colmar cedex

c

VOUS CHERCHEZ UN PHOTOGRAPHE
✓ **événements familiaux**
✓ **reportages d'entreprises**
✓ **communication**
✓ **tourisme**
**www. lucasprint.com
ou 06 93 13 69 75**

g

Qu'en pensez-vous ?

Vous allez apprendre à :

☑ parler des événements de la vie politique

☑ lire un bref article de presse d'information

☑ juger un fait, interdire, demander une autorisation

Travail avec les pages Interactions

Vocabulaire

• alimentation (n.f.)	outil (n.m.)	défendre (v.)
biscuit (n.m.)	portrait (n.m.)	employer (v.)
canon (n.m.)	procès (n.m.)	garder (v.)
cloche (n.f.)	récréation (n.f.)	grossir (v.)
colère (n.f.)	règle (n.f.)	imiter (v.)
distributeur (n.m.)	vache (n.f.)	peindre (v.)
fumée (n.f.)	• couvert (adj.)	transformer (v.)
juge (n.m.)	local (adj.)	• pourtant
mère (n.f.)	• accuser (v.)	
mur (n.m.)	autoriser (v.)	

Vérifiez votre compréhension

1. Lisez les documents des pages 142 et 143. Complétez le tableau.

Documents	Que veut-on interdire ?	Pourquoi ?
Plus de boissons...		
Des vaches...		
Magasins...		
Irresponsable...		

2. Dans les quatre articles, relevez des expressions qui expriment un sentiment ou une opinion.

Sentiments	Opinions
Les spécialistes ont peur que...	Les spécialistes disaient que...

Apprenez le vocabulaire

3. Complétez avec un verbe qui exprime une opinion.

être sûr que... – imaginer – penser – préciser – trouver – proposer

Avant la réunion

a. Kevin Ducros a une heure de retard. Je _____ qu'il ne viendra pas.

b. J'_____ qu'il a une bonne excuse.

c. Il n'a pas téléphoné. Je _____ que ce n'est pas sympa.

d. Je _____ de commencer la réunion sans lui.

e. Attendons un peu. Je _____ qu'il va arriver.

f. Je _____ que la réunion devait commencer il y a plus d'une heure.

4. Ils donnent leur jugement. Indiquez s'ils sont pour (P) ou contre (C) l'accusé.

a. Je le crois responsable. **C**

b. Je regrette qu'on le condamne. _____

c. Je refuse sa défense. _____

d. Je pense qu'il a dit la vérité. _____

e. Les gens qui le défendent ont raison. _____

f. Je dis qu'il est en faute _____

g. Je crois en lui. _____

h. Je suis sûre qu'il a tort. _____

i. Je suis d'accord avec son avocat. _____

5. Lisez les documents. Dites ce qu'ils expriment.

a. un doute _____

b. une revendication _____

c. un souhait

d. une protestation _____

e. un jugement _____

Nous demandons à être présents à toutes les réunions avec la direction et nous réclamons une meilleure écoute.

3

NON AUX IMPÔTS PLUS LOURDS

1

On est séduit par le travail de l'artiste sur la lumière.

4

Je souhaite que les réceptionnistes soient particulièrement accueillants avec les clients qui ne connaissent pas notre nouvelle organisation.

2

En conclusion, je ne suis pas sûr que ce livre soit pour notre collection « Grand Public ». Peut-être pour « Jeunes Talents »... À voir.

5

6. Écrivez la signification de ces panneaux.

a. _____

_____

b. _____

_____

c. _____

_____

d. _____

_____

e. _____

_____

Travail avec les pages Ressources

Vocabulaire

- élection (n.f.) _____
- gramme (n.m.) _____
- insécurité (n.f.) _____
- piste (n.f.) _____

- poids (n.m.) _____
- policier (n.m.) _____
- • municipal (adj.) _____
- • peser (v.) _____

- recruter (v.) _____
- voter (v.) _____
- • seulement _____

Apprenez la conjugaison du subjonctif

Rappelez-vous

1. Formation du subjonctif présent : radical + terminaison

■ radical : d'après l'infinitif sauf pour certains verbes très courants (*avoir, être, aller,* etc.)

■ terminaisons :
– 1re, 2e, 3e personnes du singulier et 3e personne du pluriel → -e ; -es ; -e ; -ent *(comme au présent de l'indicatif)*
– 1e et 2e personnes du pluriel → -ions ; -iez *(comme à l'imparfait de l'indicatif)*
Il faut que je travaille, tu travailles, il/elle travaille, nous travaillions, vous travailliez, ils/elles travaillent.

2. Emploi du subjonctif : après certains verbes exprimant :

■ la volonté ou l'obligation : *Je veux que tu finisses. Il faut que je parte.*

■ une préférence : *Je préfère que nous allions au cinéma.*

■ certains sentiments : *Je regrette qu'il soit malade.*

---

1. Mettez les verbes au subjonctif.

a. Il faut que je (*sortir*) _____

qu'elle (*marcher*) _____

que vous (*se promener*) _____

que tu (*faire du sport*) _____

que nous (*se détendre*) _____

qu' ils (*dormir bien*) _____

b. Je voudrais que tu (*écouter*) _____

que nous (*écrire*) _____

qu'elles (*faire les exercices*) _____

qu'il (*lire*) _____

c. Je regrette que tu (*être en retard*) _____

que nous (*ne pas avoir le temps*) _____

que vous (*perdre du temps*) _____

qu'elles (*être fatigué*) _____

2. Reformulez les phrases comme dans l'exemple.

Partage des tâches

J'ai beaucoup de travail ce samedi matin…

a. Moi, je dois faire les courses. → **Il faut que je fasse les courses.**

b. Toi, Philippe, tu dois aller laver la voiture. → _____

c. Tu dois aussi prendre de l'essence. → _____

d. Les enfants, vous devez ranger votre chambre. → _____

e. Nous devons être prêts à 14 h. → _____

f. Nos amis ne doivent pas nous attendre. → _____

3. Confirmez comme dans l'exemple.

Avant l'examen

a. Je dois réussir cet examen. Il le faut. → Il faut que **je réussisse.**

b. Je dois avoir un bon sujet. → Il faut que _____

c. Les tests seront difficiles. J'en ai peur. → J'ai peur que _____

d. Est-ce que le jury sera sympathique ? Je le souhaite. → Je souhaite que _____

e. Mme Duval sera peut-être dans le jury. J'en ai envie. → J'ai envie que _____

f. Tu ne viendras pas. Je préfère. → Je préfère que _____

4. Mettez les verbes à la forme qui convient.

Petites différences entre amis

a. Tu as envie qu'on (*se voir*) _____ ?

b. Oui, je souhaite que tu (*venir*) _____ .

c. Mais tu sais, je déteste (*attendre*) _____ .

d. Moi, j'adore que tu (*m'attendre*) _____ .

e. Et moi, j'ai horreur que tu (*être en retard*) _____ .

f. Il faut que tu (*comprendre*) _____ .

5. Transformez : faites de ces deux phrases une seule phrase.

Jalousie

a. elle est là tout le temps ; il en a envie → **Il a envie qu'elle soit là tout le temps.**

b. il vient ce week-end ; elle n'en a pas envie → _____

c. elle met de beaux vêtements ; il adore → _____

d. il boit de l'eau ; elle préfère → _____

e. elle part seule ; ça l'étonne → _____

f. elle choisit un autre partenaire ; il a peur → _____

6. Répondez en utilisant les constructions « ne … que » ou « seulement ».

Elle n'aime pas le changement

a. Tu vas toujours en vacances en Bretagne ? – **Je ne vais qu'en Bretagne.**

– Je vais seulement en Bretagne.

b. Tu loges toujours à l'hôtel du Port ? – _____

c. Tu manges toujours du poisson ? – _____

d. Tu bois toujours du cidre ? – _____

e. Tu aimes toujours les endroits tranquilles ? – _____

f. Tu fais toujours du bateau ? – _____

7. Répondez comme dans l'exemple.

Une fille difficile

a. Est-ce qu'elle boit autre chose que de l'eau ? → Non, **elle ne boit que de l'eau.**

b. Est-ce qu'elle mange autre chose que des yaourts ? → Non, _____

c. Est-ce qu'elle lit autre chose que des romans policiers ? → Non, _____

d. Est-ce qu'elle fait un autre sport que le tennis ? → Non, _____

e. Est-ce qu'elle écoute autre chose que Beethoven ? Non, _____

Vérifiez votre compréhension

8. Relisez ou réécoutez l'histoire « Les parfums de Laura ». Dites si les phrases suivantes sont vraies ou fausses.

	vrai	faux
a. Laura est installée à Grasse.	☐	☐
b. Laura et Tarek ont un bébé.	☐	☐
c. Laura a créé son entreprise.	☐	☐
d. L'entreprise marche très bien.	☐	☐
e. Laura a du temps libre.	☐	☐
f. Laura a un projet de livre original.	☐	☐
g. Laura et Tarek gagnent beaucoup d'argent.	☐	☐

🎧 Entraînement à l'oral

Vocabulaire

• autorisation (n.f.) _____	prototype (n.m.) _____	secteur (n.m.) _____
hirondelle (n.f.) _____	reportage (n.m.) _____	• extraordinaire (adj.) _____
parfumerie (n.f.) _____	révolution (n.f.) _____	• loger (v.) _____

Prononcez

1. 🎧 62 Écoutez et distinguez les sons « t » et « d ».

	[t]	[d]
a.		
b.		
c.		
d.		
e.		
f.		

Parlez

2. **①63** Donnez des ordres à vos amis comme dans l'exemple.

a. Réveillez-vous ! → Il faut que vous vous réveilliez.

b. Pierre, lève-toi ! → _____

c. Préparons-nous → _____

d. Les enfants, habillez-vous ! → _____

e. Prenez votre petit déjeuner. → _____

f. Faites votre lit. → _____

Pages Écrits et Civilisation

Vocabulaire

candidat (n.m.) _____	parti (n.m.) _____	socialiste (adj.) _____
député (n.m.) _____	pouvoir (n.m.) _____	• administrer (v.) _____
éducation (n.f.) _____	préfet (n.m.) _____	diviser (v.) _____
finance (n.f.) _____	président (n.m.) _____	élire (v.) _____
gouvernement (n.m.) _____	province (n.f.) _____	regrouper (v.) _____
liste (n.f.) _____	union (n.f.) _____	succéder (v.) _____
loi (n.f.) _____	voix (n.f.) _____	• outre-mer _____
majorité (n.f.) _____	• communiste (adj.) _____	
ministre (n.m.) _____	présidentiel (adj.) _____	

Vérifiez votre compréhension

1. Lisez le document « Entrée en politique », page 148. Retrouvez :

a. le nombre total de départements français → _____

b. le nombre de départements d'outre-mer → _____

c. le nombre de régions → _____

d. la date de la Révolution française → _____

e. la date de création des régions → _____

2. Qu'est-ce qu'ils font ? Complétez avec un mot de la liste.

élire – choisir – nommer – représenter – diriger

a. Le Président _____ le Premier ministre.

b. Le Premier ministre _____ les ministres.

c. Le Parlement _____ la nation.

d. Les électeurs _____ les députés.

e. Le Conseil régional _____ la région.

C'est tout un programme !

Travail avec les pages Interactions

Vocabulaire

• arrêt (n.m.)	interview (n.f.)	télécommande (n.f.)
atelier (n.m.)	météo (n.f.)	• direct (adj.)
automobile (n.f.)	meurtre (n.m.)	familier (adj.)
bourse (n.f.)	moto (n.f.)	fou (adj.)
chaîne (n.f.)	mystère (n.m.)	incompréhensible (adj.)
chance (n.f.)	psychanalyste (n.m.)	récent (adj.)
débat (n.m.)	scène (n.f.)	• enquêter (v.)
dessin animé (n.m.)	sélection (n.f.)	rapporter (v.)
direction (n.f.)	série (n.f.)	zapper (v.)
événement (n.m.)	sommaire (n.m.)	
information (n.f.)	suite (n.f.)	

Vérifiez votre compréhension

1. Lisez le document des pages 151 et 152. Reliez le titre et le sujet de l'émission.

a. Le bateau livre	**1.** la télévision
b. J'ai rendez-vous avec vous	**2.** les animaux
c. Chanter la vie	**3.** les gens
d. Arrêt sur images	**4.** l'économie
e. Trente millions d'amis	**5.** les livres
f. La cuisine des terroirs	**6.** le sport
g. Capital	**7.** la chanson
h. L'équipe du dimanche	**8.** la gastronomie

2. Certains titres des émissions du programme évoquent des titres de livres, de journaux, de films, de chansons. Trouvez l'émission correspondant à ces titres.

a. *La Belle Équipe* : film de la fin des années 1930 avec Jean Gabin – Le journal de sport le plus populaire : *L'Équipe*

→ _____

b. *La Cuisine au beurre* : film des années 1960 avec Bourvil et Fernandel → _____

c. *Le Bateau ivre* : poème d'Arthur Rimbaud → _____

d. *Chantons sous la pluie* (*Singing in the rain*), comédie musicale américaine des années 1950 → _____

e. « J'ai rendez-vous avec vous » : titre d'une chanson de Georges Brassens → _____

Apprenez le vocabulaire

3. Complétez avec un verbe de la liste.

analyser – animer – commenter – enquêter – interviewer – présenter – raconter

a. Dans l'émission « Music et star », l'animateur _____ la nouvelle star du rock français.

b. C'est Michel Drucker qui _____ le match de football Argentine-France.

c. Dans l'émission « Riposte », des spécialistes _____ la politique française.

d. Dans ce film policier, le commissaire Maigret _____ sur le meurtre d'une jeune fille.

e. C'est Audrey Pulvar qui _____ le journal télévisé de FR3.

f. Jean-Pierre Foucault _____ le célèbre jeu « Qui veut gagner des millions ? ».

g. La série « Les experts, Manhattan » _____ les enquêtes de la police scientifique de New York.

4. Trouvez les noms correspondant aux verbes de l'exercice 3.

a. analyser → **une analyse**

b. animer → _____

c. commenter → _____

d. enquêter → _____

e. interviewer → _____

f. présenter → _____

g. raconter → _____

Travail avec les pages Ressources

Vocabulaire

• comédien (n.m.) _____   • doucement   rapidement

Utilisez les constructions relatives

1. Reliez les deux phrases en utilisant un pronom relatif (*qui, que, où*).

Dans le courrier des lecteurs du magazine TV

a. J'ai vu l'émission « Le bateau livre ». Elle m'a beaucoup plus.

_____

b. J'ai regardé « La vie d'ici ». J'ai appris beaucoup de choses sur le département de l'Ain.

_____

c. Je regarde chaque semaine l'émission « J'ai rendez-vous avec vous ». Elle donne la parole aux gens de la rue.

_____

d. J'aime bien l'émission « Trente millions d'amis ». Je ne la manque jamais.

_____

e. Je suis gourmande, je suis accro à « La cuisine des terroirs ». On y propose toujours de nouvelles recettes.

f. « L'équipe du dimanche » est une très bonne émission sur le football. Je la regarde chaque semaine.

2. Complétez avec « qui », « que », « où »...

La Provence

a. La Provence est une région _____ il fait bon vivre.

b. C'est une région _____ séduit les touristes.

c. Aix-en-Provence avec son Festival est la ville _____ visitent les amateurs de musique du monde entier.

d. Connaissez-vous la ville _____ se déroule une extraordinaire partie de cartes ? Marseille bien sûr !

e. Jean Giono et Marcel Pagnol sont deux écrivains _____ ont rendu célèbre la région.

f. La Provence a été peinte par des peintres _____ l'on admire beaucoup : Cézanne, Van Gogh...

3. Caractérisez avec une proposition relative. Transformez selon le modèle.

a. *La Dame avec un fusil et des lunettes noires* → **La Dame qui a un fusil et des lunettes noires**

b. *Le Garçon aux cheveux verts* → _____

c. *L'homme à l'oreille cassée* → _____

d. *La Fille à la valise* → _____

e. *La Femme aux deux visages* → _____

4. Conseillez comme dans l'exemple.

a. La Bourgogne est une belle région. Visitez-la ! → **Visitez la Bourgogne qui est une belle région.**

b. Dijon est une belle ville. Allez la voir. → _____

c. Le bœuf bourguignon est un très bon plat. Goûtez-le. → _____

d. Patricia Kaas chante à Beaune. Allez l'écouter → _____

5. Répondez en choisissant la deuxième possibilité.

a. Vous étudiez le chinois ou le français ? → **C'est le français que j'étudie.**

b. Vous allez en France ou en Belgique ? → _____

c. Vous cherchez une chambre ou un studio ? → _____

d. Vous suivez des cours à l'université ou au centre culturel ? → _____

e. Vous préférez le vin ou la bière ? → _____

Caractérisez les actions

6. Placez l'adverbe.

Quelle journée !

a. Nous avons travaillé (*beaucoup*). → _____

b. Nous avons développé le projet (*très bien*). → _____

c. Nous avons pris les bonnes décisions (*rapidement*). → _____

d. Nous avons avancé dans les recherches (*bien*). → _____

e. Nous sommes contents du résultat (*assez*). → _____

f. Nous sommes sortis du bureau (*très tard*). → _____

7. Caractérisez les actions avec «en + participe présent».

Habitudes

a. Ils dînent. En même temps, ils regardent la télévision.

→ Ils dînent en regardant la télévision.

b. Je travaille. En même temps, j'écoute de la musique. → _____

c. Elle zappe. En même temps, elle téléphone. → _____

d. Il est au travail en cinq minutes. C'est parce qu'il passe par le centre-ville. → _____

e. Il a eu le poste de directeur. C'est parce qu'il a beaucoup travaillé. → _____

f. Il a gagné beaucoup d'argent. C'est parce qu'il a joué au Loto. → _____

Vérifiez votre compréhension

8. Lisez ou réécoutez l'histoire « Les parfums de Laura ». Répondez à ces questions.

a. Pourquoi Laura est-elle passée à la télévision ? – _____

b. Est-ce qu'elle est à l'aise avant l'émission ? – _____

c. Est-ce qu'on parle de l'émission dans les journaux ? – _____

d. Où va Laura à la fin de l'histoire ? – _____

e. Qui est M. Andriavolo ? – _____

f. Quelle histoire raconte-t-il ? – _____

🎧 Entraînement à l'oral

Vocabulaire

• article (n.m.)	plantation (n.f.)	descendre (v.)
baobab (n.m.)	plateau (n.m.)	étonner (v.)
branche (n.f.)	producteur (n.m.)	lever (v.)
commencement (n.m.)	racine (n.f.)	planter (v.)
dieu (n.m.)	toast (n.m.)	punir (v.)
escalier (n.m.)	• fort (adj.)	sentir (v.)
feuille (n.f.)	formidable (adj.)	sourire (v.)
fleur (n.f.)	orgueilleux (adj.)	• à l'envers
honneur (n.m.)	• admirer (v.)	vers
invention (n.f.)	arracher (v.)	

Prononcez et distinguez

1. 🎧 64 Écoutez. Barrez ce qui n'est pas prononcé.

a. ce n'est pas grave

b. je ne l'ai pas vu

c. je viens d'arriver

d. je ne sais pas

e. je n'en sais rien

f. eh bien

g. pas encore

h. vous aussi

2. 🕑 **65 Écoutez. Classez les expressions dans le tableau.**

	surprise	satisfaction	déception
Vraiment !....			
Ça alors !			
Ça ne fait rien.			
Dommage !			
C'est vrai ?			
Trop fort !			
Ah ! C'est bien...			
Pas mal !			
La prochaine fois, peut-être.			

Parlez

3. 🕑 **66 Transformez en utilisant « qui », « que », « où ».**

Accro à Internet

a. J'attends un message ; il n'est pas arrivé.

→ **J'attends un message qui n'est pas arrivé.**

b. J'ai enregistré le film ; tu as vu le film hier.

→ _____

c. Je me suis connecté sur un site ; il y a beaucoup d'informations.

→ _____

d. J'ai téléchargé de la musique ; j'écoute cette musique tout le temps.

→ _____

e. J'ai programmé une émission ; cette émission est très amusante.

→ _____

Pages Écrits et Civilisation

Vocabulaire

- baisse (n.f.)
- cœur (n.m.)
- copie (n.f.)
- culture (n.f.)
- déclaration (n.f.)
- gouverneur (n.m.)
- humour (n.m.)
- inondation (n.f.)
- intérêt (n.m.)
- page (n.f.)
- participant (n.m.)

- record (n.m.)
- règlement (n.m.)
- simplicité (n.f.)
- tissu (n.m.)
- titre (n.m.)
- vers (poésie) (n.m.)
- essentiel (adj.)
- féminin (adj.)
- généreux (adj.)
- nombreux (adj.)
- présent (adj.)

- avoir lieu (v.)
- apprécier (v.)
- comparer (v.)
- condamner (v.)
- informer (v.)
- préciser (v.)
- se trouver (v.)
- valoir (v.)
- ensuite
- récemment
- sauf

Vérifiez votre compréhension

1. Lisez les articles de la page 156. Dites si ces informations sont vraies ou fausses.

	vrai	faux
a. Les différentes copies du kilo dans le monde font exactement le même poids.	☐	☐
b. Il a beaucoup plu au Japon en août 2005.	☐	☐
c. Un des gagnants du Loto japonais a été très généreux.	☐	☐
d. À Miami, il est interdit d'écouter de la musique dans sa voiture.	☐	☐
e. Le juge de Miami n'aime pas la musique d'opéra.	☐	☐
f. Le plus long poème de la langue française mesure 7 547 mètres.	☐	☐
g. Il a été écrit par un Lyonnais.	☐	☐

2. Lisez le texte « Comment les Français s'informent », page 157. Caractérisez ces quotidiens.

a. *Le Figaro* : _____

b. *Le Monde* : _____

c. *Libération* : _____

d. *Aujourd'hui en France* : _____

e. *Le Canard enchaîné* : _____

f. *L'Équipe* : _____

3. Voici des titres : identifiez le type de magazine.

a. *Télé 7 Jours* : _____ **d.** *L'Express* : _____

b. *Marianne* : _____ **e.** *Le Monde* : _____

c. *Midi Libre* : _____

4. Voici quelques brèves de presse. Lisez-les et complétez le tableau.

1

La Fête de la musique... en silence

Comme chaque année, le 21 juin annonce en fanfare l'été avec la Fête de la musique. Un programme varié et partagé partout en France jusqu'à se demander ce que serait un monde sans musique. « Aujourd'hui la musique se consomme au lieu de s'écouter, constate Christian Olivier, le chanteur du groupe Têtes raides. Je propose donc de faire une pause silence afin de s'interroger sur la place de la musique. Car le silence en fait aussi partie. »

D'après *Contact*, le magazine des adhérents de la FNAC.

3

Charters célestes

Depuis le début de septembre 2007, le Vatican propose aux pèlerins des vols Rome-Lourdes à prix réduit dans des avions blanc et jaune aux couleurs du Saint-Siège. Avec à l'intérieur des sièges décorés d'inscriptions religieuses. Près de 150 millions de personnes font du tourisme religieux et 8 millions vont à Lourdes. En 2008, de nouveaux vols directs iront à Saint-Jacques de Compostelle, Fatima et Jérusalem.

2

COURS DE ROCK'N'ROLL AU CE1

Rentrée des classes 2007 en forme de point d'interrogation : qu'attendre de l'école... Fini l'apprentissage, bonjour l'animation, constate en colère Natacha Tatu, finies les bases solides, l'écriture lisible et les cahiers bien tenus et place à la danse contemporaine avec cahiers consacrés aux chorégraphes, analyse de spectacles et sorties pour assister aux spectacles d'amateur... Et tout ça au nom « d'une pédagogie du projet qui met l'élève dans une dynamique concrète », écrit Jean-Claude Lallia, professeur à l'IUFM de Créteil.

D'après *Le Nouvel Observateur*.

4

Régime municipal

À Varallo, petite ville de Lombardie, en Italie, les habitants peuvent devenir riches en maigrissant. S'ils perdent 4 kilos en un mois, ils reçoivent 50 euros et si, après trois mois, ils n'ont pas repris de poids, ils toucheront 300 euros. Et 500 euros après un an. On a trouvé une dizaine de candidats pour l'instant.

	1	2	3	4
Où se passe l'événement ?				
Quand ?				
Que s'est-il passé ?				
Quels sont les acteurs ?				

• Compréhension orale

🔊 **67** Écoutez les portraits robots et retrouvez les infos qui correspondent à chacun des portraits.

	âge	taille	yeux	cheveux	habits	chaussures	signes particuliers
Jeune homme							
Jeune femme							
Arthur							
Vieux monsieur							

• Production orale

Observez ces répliques. À quelles situations peuvent-elles correspondre ?

	demande	conflit	problème
a. Je ne pense pas.			
b. Pouvez-vous m'expliquer ?			
c. Vous croyez vraiment que c'est possible ?			
d. J'aimerais savoir si...			
e. Qu'est-ce que vous proposez ?			
f. Je ne suis pas d'accord avec cet argument.			
g. Je crois que vous vous trompez.			
h. C'est difficile à savoir...			
i. Vous comprenez ça comme ça ?			
j. Ça m'étonnerait.			
k. Vous ne trouvez pas que...			
l. On ne peut pas dire ça comme vous le présentez.			

• Compréhension écrite

Lisez les titres et trouvez la rubrique qui convient.

a. LAURE NAGE SUR L'OR

b. LA FRANCOPHONIE S'INVITE AU SALON DU LIVRE

c. Fête de la musique. **TOUT LE MONDE DANS LA RUE**

d. AUDREY TAUTOU POUR DÉCHIFFRER LE DA VINCI CODE

e. RENTRÉE SCOLAIRE : OÙ VA L'ÉCOLE ?

f. ÉNERGIE : LE SOLAIRE SE PORTE BIEN

g. Vacances. UN TIERS DES FRANÇAIS CHOISISSENT LA MONTAGNE

h. AIR : UN NOUVEAU DISQUE QUI PLANE

i. UNE MAJORITÉ POUR LE PRÉSIDENT

	a.	b.	c.	d.	e.	f.	g.	h.	i.
Environnement									
Musique									
Livre									
Politique									
Société									
Sport									
Cinéma									

• Production écrite

Rédigez votre CV.

Nom : _____ Prénom : _____

Adresse : _____

_____

N° de téléphone : _____

Courriel : _____

Âge : _____

État civil : _____

Formation : _____

_____

_____

_____

_____

_____

Expériences professionnelles : _____

_____

_____

_____

_____

_____

Langues (niveau : parlé - compris) : _____

Sports pratiqués : _____

NOTES

Crédits photographiques

p. 8 : g TCD Bouteiller/Prod DB © Columbia American Zoetrope/DR.

p. 8 : d TCD Bouteiller/Prod DB © Gaumont/Films du Dauphin/DR.

p. 11 : a © REA/Sittler ; **b** © Fotolia/Fons ; **c** © REA/Hanning ; **d** © Fotolia/KingPhoto ; **f** © REA/Decout ; **e** © REA/Ortola.

p. 86 : Pablo Picasso, *La Flûte de pan*, été 1923, musée Picasso, Paris © Succession Picasso 2008, © RMN/Berizzi.

p. 87 ; François Truffaut, *L'Enfant sauvage*, © Cinémathèque française, © Quesemand-Zucca Sylvie.

p. 99 : TCD Bouteiller/Prod DB © Arnold Pressburger Films/Cristellys.

CPI

N° d'éditeur : 10157475 - Février 2009
Imprimé en France par CPI-Hérissey à Évreux - N° 110566